Kurzgrammatik

Englisch-KOMPAKT

STARK

Autor: Rainer Jacob

www.stark-verlag.de

Inhalt

Vorwort
Hinweise zu den digitalen Zusätzen

Adjektive und Adverbien • Adjectives and Adverbs **1**
1 Form und Bildung des Adverbs 1
1.1 Ableitung des Adverbs vom Adjektiv 1
1.2 Besonderheiten der Adverb-Bildung 1
2 Verwendung 2
2.1 Verwendung des Adjektivs 2
2.2 Verwendung des Adverbs 3
3 Besonderheiten 4
3.1 Steigerung 4
3.1.1 Regelmäßige Steigerung des Adjektivs 4
3.1.2 Regelmäßige Steigerung des Adverbs 4
3.1.3 Unregelmäßige Steigerungsformen 5
3.2 Adverb oder Adjektiv? 5
3.3 Stellung von adverbialen Bestimmungen im Satz 6

Nomen im Singular und Plural • Singular and Plural Forms of Nouns **9**
1 Form und Bildung 9
1.1 Pluralbildung 9
1.2 Schreibung 9
2 Besonderheiten 10

Der Artikel • The Article **13**
1 Bestimmter Artikel • Definite Article 13
2 Unbestimmter Artikel • Indefinite Article 16

Pronomen und Begleiter • Pronouns and Determiners **17**
1 Personalpronomen • Personal Pronouns 17
1.1 Form 17
1.2 Verwendung 17
2 Reflexivpronomen • Reflexive Pronouns 17
2.1 Form 17
2.2 Verwendung 18
2.3 Besonderheiten 18

3 Possessivpronomen und -begleiter • Possessive Pronouns and Determiners 19
3.1 Form 19
3.2 Verwendung 19

4 Demonstrativpronomen und -begleiter • Demonstrative Pronouns and Determiners 20
4.1 Form 20
4.2 Verwendung 20

5 Indefinitpronomen und -begleiter • Indefinite Pronouns and Determiners 20
5.1 Form 20
5.2 Besonderheiten 21
5.2.1 *Some* und *any* in bejahten und verneinten Sätzen 21
5.2.2 *much – many* 21

Präpositionen • Prepositions 23

1 Form 23

2 Verwendung 24

3 Besonderheiten 25
3.1 Hauptfehlerquellen 25
3.1.1 Präpositionen zur Bezeichnung der Reise und Bewegung *(travel and movement)* 25
3.1.2 Präpositionen zur Bezeichnung der Zeit und des Datums *(time and date)* 25
3.1.3 Präpositionen nach bestimmten Ausdrücken *(after particular words or expressions)* 26
3.2 Typische Wendungen mit Präpositionen 26

Modale Hilfsverben • Modal Auxiliaries 29

1 Form und Bildung 29
1.1 Übersicht über die modalen Hilfsverben und ihre Ersatzformen (‚*substitutes*‘) 31
1.2 *can/could/to be able to* als Beispiel in verschiedenen Zeitstufen 31

2 Verwendung 32
2.1 *can/could* (‚können‘) – Ersatzformen: *to be able to, it is possible, to be allowed to* 32
2.2 *may/might* (‚dürfen‘) – Ersatzformen: *to be allowed to, it is (perhaps) possible* 33
2.3 *must* (‚müssen‘) – Ersatzformen: *to have to, to be sure/certain to* 34

2.4 *will/would* (‚werden‘, ‚würden‘, ‚wollen‘) – Ersatzformen: *to want, to wish, to desire* 34
2.5 *shall/should* (‚sollen‘) – Ersatzformen: *to be to, to want, to plan/intend, it is probable* 35
3 Besonderheiten 35
3.1 *must not/need not* 35
3.2 Deutsches ‚sollen‘ 36

Zeiten • Tenses **37**
1 Form und Bildung 37
1.1 Present tense 37
1.2 Future tense 37
1.3 Past tense 37
1.4 Present perfect 38
1.5 Past perfect 38
1.6 Future perfect 38
1.7 Conditional 38
1.8 Conditional II/Conditional perfect 39
2 Verwendung 39
2.1 Present tense 39
2.1.1 Simple present 39
2.1.2 Present progressive 40
2.2 Future tense 40
2.2.1 Will-future 40
2.2.2 Future progressive 41
2.3 Past tense 41
2.3.1 Simple past 41
2.3.2 Past progressive 42
2.4 Present perfect 42
2.4.1 Simple present perfect 42
2.4.2 Present perfect progressive 43
2.5 Past perfect 43
2.5.1 Simple past perfect 43
2.5.2 Past perfect progressive 43
3 Besonderheiten 44
3.1 Einfache Form oder Verlaufsform? 44
3.2 Verben ohne Verlaufsform 44
3.3 *always* + Verlaufsform 45
3.4 Simple past – Present perfect 46
3.4.1 Simple past 46
3.4.2 Present perfect 46

3.5 *since – for* 48
3.6 Future forms 48

Das Passiv • The Passive **51**
1 Form und Bildung 51
1.1 Einfache Form 51
1.2 Verlaufsform 52
2 Besonderheiten 53
2.1 Passivsätze bei Verben mit direktem Objekt 53
2.2 Passivsätze bei Verben mit zwei Objekten (mit direktem und indirektem Objekt) 54
2.3 Passivsätze bei Verben mit präpositionalem Objekt 55
2.4 Passivsätze bei Verben des Sagens o. Ä. 56

Der Infinitiv • The Infinitive **57**
1 Form und Bildung 57
1.1 Aktiv 57
1.2 Passiv 57
2 Verwendung 58
3 Besonderheiten 58
3.1 Infinitiv mit *to* 58
3.1.1 Infinitiv mit *to* nach Substantiven, Verben, Adjektiven und Zahlenangaben 58
3.1.2 Infinitiv mit *to* anstelle von Gliedsätzen 59
3.2 Infinitiv ohne *to* 60
3.3 Deutsches ‚lassen' 61
3.4 Infinitivkonstruktionen mit eigenem Sinnsubjekt 63
3.4.1 Objekt + Infinitiv-Konstruktion 63
3.4.2 *for* + Infinitiv 63
3.5 *with* + Infinitiv 63

Das „Gerund" • The Gerund **65**
1 Form und Bildung 65
2 Verwendung 65
2.1 Funktionen des *gerund* im Satz 65
2.2 Das *gerund* nach Präpositionen 66
2.2.1 Adjektiv + Präposition + *gerund* 66
2.2.2 Nomen + Präposition + *gerund* 67
2.2.3 Verb + Präposition + *gerund* 67

3 Besonderheiten ... 68
3.1 *gerund* nach bestimmten Verben ... 68
3.2 *gerund* und Infinitiv mit unterschiedlicher Bedeutung ... 69
3.3 Das *gerund* mit einem eigenen Subjekt ... 70
3.4 Das *gerund* anstelle eines Adverbialsatzes ... 71

Partizipien • Participles ... 73
1 Partizip Präsens ... 73
1.1 Form und Bildung ... 73
1.2 Verwendung ... 73
2 Partizip Perfekt ... 74
2.1 Form und Bildung ... 74
2.2 Verwendung ... 75
3 Besonderheiten ... 76
3.1 Satzverkürzung ... 76
3.1.1 Relativsätze ... 76
3.1.2 Adverbialsätze (meist Temporal- oder Kausalsätze) ... 77
3.1.3 Temporalsätze: Vorzeitigkeit – Gleichzeitigkeit ... 77
3.2 Fehlerquelle: *Misrelated Participles* ... 78

Wortstellung • Word Order ... 81
1 Aussagesatz ... 81
1.1 Form ... 81
1.2 Sonderfälle ... 81
2 Fragesatz ... 82
2.1 Form und Bildung ... 82
2.2 Besonderheiten ... 82
2.2.1 Wortstellung ... 82
2.2.2 *Question tags* ... 83

Bedingungssätze • Conditional Sentences ... 85
1 Form und Bildung ... 85
1.1 Konditional I • Conditional ... 85
1.2 Konditional II • Conditional perfect ... 85
2 Verwendung ... 86
3 Besonderheiten ... 87
3.1 Zeitenfolge • The Sequence of Tenses ... 87
3.1.1 Typ 1: Erfüllbare Bedingung *(probable condition)* ... 87

3.1.2 Typ 2: Unwahrscheinliche oder unmögliche Bedingung *(improbable/impossible condition)* 88
3.1.3 Typ 3: Unmögliche Bedingung *(impossible condition)* 89
3.2 Sonderfälle 89
3.2.1 *would* im *if*-Satz 89
3.2.2 *unless* im *if*-Satz 90
3.2.3 *was/were* im *if*-Satz 91
3.2.4 Kommasetzung 91

Relativsätze • Relative Clauses **93**
1 Formen von Relativpronomen 93
2 Verwendung 94
2.1 Das Relativpronomen als Subjekt 94
2.2 Das Relativpronomen als Objekt 94
3 Besonderheiten 95
3.1 Notwendige oder bestimmende Relativsätze *(defining relative clauses)* 95
3.1.1 *Contact clauses* 96
3.1.2 *that* als Relativpronomen 96
3.2 Nicht-notwendige oder nicht-bestimmende Relativsätze *(non-defining relative clauses)* 97
3.3 *whose/of which/of whom* 98
3.4 *what/which* für Satzkommentare 99
3.5 Präpositionen im Relativsatz 100

Indirekte Rede • Reported Speech **101**
1 Verwendung 101
1.1 Pronomina und Begleiter 101
1.2 Zeiten 101
2 Besonderheiten 102
2.1 Zeitenverschiebung 102
2.1.1 Aussagesätze 102
2.1.2 Fragen 104
2.1.3 Aufforderungen, Ratschläge und Befehle 104
2.2 Adverbiale 105
2.3 Hilfsverben 106

Unregelmäßige Verben • Irregular Verbs **107**

Autor: Rainer Jacob

Vorwort

Liebe Schülerinnen und Schüler,

der vorliegende Band aus der Reihe „Englisch-KOMPAKT“ bietet Ihnen in kurzer und prägnanter Weise die zentralen Inhalte zu **Form, Bildung** und **Gebrauch** der wichtigsten Elemente der englischen Grammatik. Er eignet sich nicht nur zum Auffrischen von Unterrichtsstoff, sondern hilft auch beim Schließen von Wissenslücken oder beim Nachschlagen einzelner grammatikalischer Problembereiche.

Dabei konzentriert sich die Darstellung auf das Wesentliche: Der Schwerpunkt liegt auf den Themen, die Schülerinnen und Schülern erfahrungsgemäß besondere Schwierigkeiten bereiten.

Die zahlreichen **Beispielsätze** veranschaulichen die Verwendung und die Besonderheiten der jeweiligen Strukturen und beziehen sich auf **Themen** aus dem Englischunterricht. So können Sie neben der Wiederholung der Grammatik auch den eigenen Wortschatz trainieren und erweitern. Darüber hinaus ermöglicht das konsequente Durcharbeiten aller Kapitel eine optimale Vorbereitung auf Klassenarbeiten und Klausuren.

Zu einigen grammatischen Strukturen, mit denen viele Schüler*innen Schwierigkeiten haben, gibt es **zusätzlich Lernvideos**.
Außerdem können Sie einige der häufigsten englischen Präpositionen mithilfe sogenannter **MindCards** trainieren. Nähere Informationen hierzu finden Sie unter „Hinweise zu den digitalen Zusätzen“.

Ich wünsche Ihnen viel Freude und Erfolg bei der Beschäftigung mit der englischen Grammatik.

Rainer Jacob

Hinweise zu den digitalen Zusätzen

Lernvideos – Problemfelder der englischen Grammatik kurz, verständlich und gut erklärt

Einige grammatische Strukturen, die vielen Lernenden Probleme bereiten, werden Ihnen in **Lernvideos** erklärt. Im Inhaltsverzeichnis sind die Kapitel, die durch ein solches Lernvideo ergänzt sind, mit dem Video-Icon gekennzeichnet. Am einfachsten gelangen Sie zu den Lernvideos, indem Sie die QR-Codes im jeweiligen Kapitel mit Ihrem Smartphone oder Tablet scannen. Sie finden die Videos aber auch gesammelt, wenn Sie den hier abgedruckten Code scannen, oder unter dem folgenden Link: **http://qrcode.stark-verlag.de/90461V**

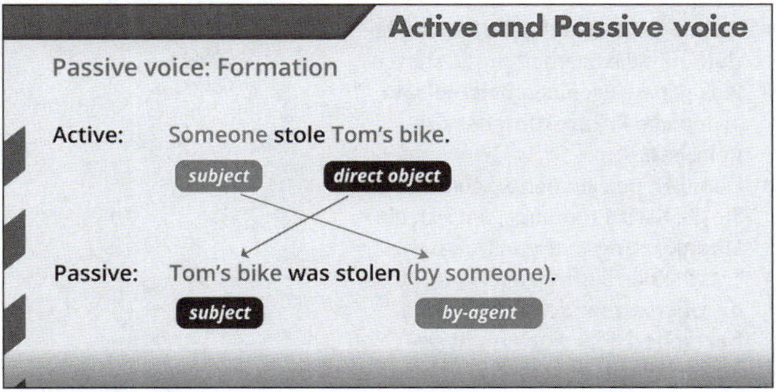

MindCards – digitale Lernkarten zu *Prepositions*

Die Wahl der richtigen Präposition bereitet vielen Lernenden Kopfzerbrechen (und leider gibt es nicht viele feste Regeln). Mit den digitalen Lernkarten in der Web-App **MindCards** können Sie den richtigen Gebrauch von *prepositions* und *prepositional verbs* intensiv trainieren. So haben Sie Ihren mobilen Karteikasten überall dabei:
Die MindCards können direkt im Browser geöffnet werden, die Installation über einen App-Store ist nicht erforderlich. Hier geht es zu den MindCards:
https://www.stark-verlag.de/mindcards/90461V

Und so arbeiten Sie mit den MindCards:

- Wählen Sie eines oder mehrere **(Teil-)Kapitel** aus, die Sie bearbeiten möchten.
- Tippen Sie dann auf **„alle Karten laden“**, um die Bearbeitung zu starten.
- Jede Karte zeigt einen **Beispielsatz**, in dem die **Präposition hervorgehoben** ist.
- Durch Tippen auf den Screen können Sie die Karte umdrehen, um sich die **Übersetzung** anzeigen zu lassen.
- Entscheiden Sie bei jeder Karte, ob Sie die Übersetzung schon **sicher beherrschen** oder **noch nicht gewusst** hätten.
- Am Ende des Kapitels oder wenn Sie die Bearbeitung abbrechen, erhalten Sie eine **Auswertung**.
- Die Vokabelkarten werden dann in verschiedenen **„Stapeln“** abgelegt, sodass Sie z. B. alle Präpositionen, die Sie noch nicht gewusst haben, noch einmal gesondert wiederholen können.

Im Hinblick auf eine eventuelle Begrenzung des Datenvolumens wird empfohlen, dass Sie sich bei der Nutzung der digitalen Zusätze im WLAN befinden.

Adjektive und Adverbien • Adjectives and Adverbs

1 Form und Bildung des Adverbs

1.1 Ableitung des Adverbs vom Adjektiv

	Adjektiv		Adverb
Im Normalfall wird an das Adjektiv **-ly** angehängt.	entire	→	entire**ly**
	kind	→	kind**ly**
	usual	→	usual**ly**
Sonderfälle:			
• In mehrsilbigen Adjektiven wird *-y* am Wortende zu *-i*.	eas**y**	→	eas**i**ly
	hast**y**	→	hast**i**ly
	nois**y**	→	nois**i**ly
• Auf einen Konsonanten folgendes *-le* am Wortende wird zu *-ly*.	idl**e**	→	idl**y**
	nobl**e**	→	nobl**y**
	simpl**e**	→	simpl**y**
	horribl**e**	→	horribl**y**
	incredibl**e**	→	incredibl**y**
	probabl**e**	→	probabl**y**
	reasonabl**e**	→	reasonabl**y**
• Das stumme *-e* entfällt bei *due, true, whole.*	du**e**	→	du**ly**
	tru**e**	→	tru**ly**
	whol**e**	→	whol**y**
• *-ic* wird zu *-ically.*	econom**ic**	→	econom**ically**
	fantast**ic**	→	fantast**ically**
	specif**ic**	→	specif**ically**
Ausnahme:	publ**ic**	→	publ**icly**

1.2 Besonderheiten der Adverb-Bildung

• Unregelmäßig gebildet wird:	good	→	well

• Wenn ein Adjektiv bereits auf *-ly* endet, muss eine „Ersatzform“ gebildet werden.	sil**ly**	→	**in a** silly **way/ manner**
• Manchmal haben Adjektiv und Adverb die gleiche Form.	daily, early, fast, hard, hourly, long, low, monthly, straight, weekly, yearly		
• Zu manchen Adjektiven gibt es mehrere Adverbformen, die sich in der Bedeutung unterscheiden.	**Adj./Adv.** hard *schwierig, hart* near *nahe*		**Adv.** hardly *kaum* nearly *fast, beinahe*

Neben dieser Bildung von Adverbien gibt es auch Adverbien, denen keine Adjektive zugrunde liegen. Typische Beispiele sind Orts- und Zeitangaben, wie *downstairs, tomorrow, often* o. Ä., oder Gradadverbien, wie *enough, very, so* o. Ä.

2 Verwendung

2.1 Verwendung des Adjektivs

Adjektive, welche ein Substantiv näher beschreiben, können meist auf zwei unterschiedliche Weisen gebraucht werden.

• **attributiver Gebrauch** (normalerweise unmittelbar vor einem Substantiv)	The **happy immigrants** saw the Statue of Liberty for the first time. *Die **glücklichen Einwanderer/Einwanderinnen** sahen die Freiheitsstatue zum ersten Mal.*
• **prädikativer Gebrauch** (nach dem Verb *to be* oder Verben mit ähnlicher Bedeutung) [für Verben mit ähnlicher Bedeutung wie *to be*, vergleiche S. 5, Abschnitt 3.2]	The immigrants **were happy** when they saw the Statue of Liberty for the first time. *Die Einwanderer/Einwanderinnen **waren glücklich**, als sie die Freiheitsstatue zum ersten Mal sahen.*

Adjektive können auch ohne Bezugswort gebraucht werden. In dieser **substantivierten Form** stehen sie mit dem direkten Artikel für eine Gesamtheit von Personen mit einem bestimmten Merkmal.

The Statue of Liberty welcomed **the poor** and **the downtrodden**.
*Die Freiheitsstatue hieß **die Armen** (= alle armen Menschen) und **die Unterdrückten** (= alle unterdrückten Menschen) willkommen.*

2.2 Verwendung des Adverbs

Das Adverb dient zur **näheren Bestimmung** eines

- Verbs,

The emigrants **waited impatiently** for the ship to enter New York harbour.
*Die Auswanderer/Auswanderinnen **warteten ungeduldig** darauf, dass das Schiff in den Hafen von New York einlief.*

- Adjektivs,

The immigrants arrived **physically exhausted**.
*Die Einwanderer/Einwanderinnen kamen **körperlich erschöpft** an.*

- Adverbs,

Most newcomers adapted to the conditions in the New World **remarkably well**.
*Die meisten Neuankömmlinge passten sich an die Bedingungen in der Neuen Welt **bemerkenswert gut** an.*

- ganzen Satzes.

Unfortunately, not all newcomers were accepted; some were sent back home.
***Leider** wurden nicht alle Neuankömmlinge aufgenommen; einige wurden zurück nach Hause geschickt.*

3 Besonderheiten

3.1 Steigerung

3.1.1 Regelmäßige Steigerung des Adjektivs

Mit **-er** *(comparative)* und **-est** *(superlative)* gesteigert werden:			
• einsilbige Adjektive	fast old young	fast**er** old**er** young**er**	fast**est** old**est** young**est**
• zweisilbige Adjektive, die auf *-er, -le, -ow* oder *-y* enden (*-y* wird dabei zu *-ier* bzw. *-iest*).	clev**er** simp**le** shall**ow** prett**y**	clever**er** simpl**er** shallow**er** pretti**er**	clever**est** simpl**est** shallow**est** pretti**est**
Beachte außerdem folgende Besonderheiten in der Schreibung:			
• Ein einfacher Endkonsonant wird nach betontem Vokal verdoppelt:	bi**g**	bi**gg**er	bi**gg**est
• Ein stummes *-e* entfällt:	nic**e**	nic**er**	nic**est**

Mit ***more*** *(comparative)* und ***most*** *(superlative)* gesteigert werden:			
• zweisilbige Adjektive (außer die oben genannten)	helpful	**more** helpful	**most** helpful
• drei- oder mehrsilbige Adjektive	beautiful	**more** beautiful	**most** beautiful

3.1.2 Regelmäßige Steigerung des Adverbs

Adverbien auf *-ly* werden mit ***more*** und ***most*** gesteigert.	People from Eastern Europe were questioned **more intensively**. *Menschen aus Osteuropa wurden genauer befragt.*

Für Adverbien anderer Grundform gelten dieselben Regeln wie für die Steigerung von Adjektiven.

People whose relatives had already been living in the USA often integrated **faster**.
Menschen, deren Verwandte schon länger in den USA gelebt hatten, integrierten sich häufig schneller.

3.1.3 Unregelmäßige Steigerungsformen

Einige Adjektive und Adverbien werden unregelmäßig gesteigert:

good	better	best
bad	worse	worst
well	better	best
badly	worse	best
little	less	least
much	more	most

3.2 Adverb oder Adjektiv?

Nach folgenden Verben steht das Adjektiv (aber nicht das Adverb):

- *to become, to get, to grow, to keep, to remain, to seem*

Standing in front of the examination committee at Ellis Island the immigrants **remained quiet**.
Als die Einwanderer/Einwanderinnen vor dem Untersuchungskomitee auf Ellis Island standen, blieben sie still.

- *to smell, to sound, to taste, to look* etc., wenn sie einen Zustand und keine Tätigkeit ausdrücken

The food the emigrants were given on board the ships **tasted horrible**.
Das Essen, das die Auswandernden auf den Schiffen bekamen, schmeckte fürchterlich.

Beachte dagegen den folgenden Unterschied:

Arriving in the new world, the newcomers **looked happy**.
(*„aussehen“; Zustand*)
The newcomers **looked** at the Statue of Liberty **happily**.
(*„ansehen“; Tätigkeit*)

3.3 Stellung von adverbialen Bestimmungen im Satz

Adverbiale Bestimmungen können stehen:

- am Anfang eines Satzes *(front-position)*,

In recent years the applications to immigrate to the US have risen.
__In den letzten Jahren__ sind die Bewerbungen zur Einwanderung in die Vereinigten Staaten angestiegen.

- am Ende *(end-position)*,

The number of Hispanic immigrants has increased **in recent years**.
Die Zahl der Einwanderer/Einwanderinnen aus spanischsprachigen Ländern hat __in den letzten Jahren__ zugenommen.

- oder im Satz *(mid-position)*.

Immigrants are **often** met with prejudice.
Einwanderern/Einwanderinnen wird __oft__ mit Vorurteilen begegnet.

- Wenn mehrere adverbiale Bestimmungen am Ende eines Satzes stehen und keine besonders hervorgehoben werden soll, ist die übliche Reihenfolge: **Art und Weise – Ort – Zeit** *(Manner – Place – Time)*

Senator Humphrey opposed the new restrictions on immigration **vigorously/in the Senate/this afternoon**.
Senator Humphrey wandte sich / __heute Nachmittag/im Senat/ energisch__ gegen die neuen Einwanderungsbeschränkungen.

- Bei mehreren Zeitangaben steht die **genauere Zeitangabe vor der allgemeineren**.

Samuel Adelman remembers very clearly that he first set foot on American soil at **half past nine/ on Easter Monday/in the year 1939**.
Samuel Adelman erinnert sich genau, dass er __am Ostermontag/des Jahres 1939/um halb zehn__ zum ersten Mal amerikanischen Boden betrat.

Vor dem Vollverb stehen gewöhnlich (d. h., wenn sie nicht besonders betont werden sollen):

- Adverbien der **unbestimmten Zeit** *(already, just, now, soon, still, then)*

Congress will **soon decide** on stricter immigration laws.
Der Kongress wird bald über strengere Einwanderungsgesetze entscheiden.

- und Adverbien der **unbestimmten Häufigkeit** *(always, generally, hardly ever, never, occasionally, often, rarely, frequently, seldom, sometimes, usually).*

Illegal immigrants **nearly always come** from poor backgrounds.
Illegale Einwanderer/Einwanderinnen kommen fast immer aus armen Verhältnissen.

- Zur besonderen Betonung kann man die meisten Adverbien der unbestimmten Zeit oder Häufigkeit aber auch an den Anfang des Satzes stellen.

Illegal immigrants are **usually** sent back across the border straight away.
Illegale Einwanderer/Einwanderinnen werden ***gewöhnlich*** *sofort über die Grenze zurückgeschickt.*
(= normale Stellung)

Sometimes they try to cross the border again during the following night.
Manchmal *versuchen sie in der nächsten Nacht, die Grenze wieder zu überschreiten.*
(= betonte Stellung)

- Stehen Adverbien wie *never, seldom* oder *rarely* zu Beginn eines Satzes, wird das Hilfsverb vor das Subjekt gestellt (= **Teilinversion**).

Never had (= Hilfsverb) he (= Subjekt) felt as happy as when they made him a US citizen.

Nomen im Singular und Plural • Singular and Plural Forms of Nouns

1 Form und Bildung

1.1 Pluralbildung

Der **Plural** (Mehrzahl) eines Substantivs wird auf folgende Arten gebildet:		
• Anhängen von ***-s***	book pen bath mouth	book**s** pen**s** bath**s** mouth**s**
• Anhängen von ***-es*** an Substantive, die auf einen Zischlaut enden [-s, -z, -ʃ, -ʒ, -tʃ, -dʒ]	bo**x**	bo**xes**
• Daneben gibt es einige **unregelmäßige Pluralformen**.	man woman foot goose tooth mouse child	**men** **women** **feet** **geese** **teeth** **mice** **children**

1.2 Schreibung

Bei Substantiven, die auf **-y** enden,		
• wird **-y** zu ***-ies***, wenn vor dem -y ein **Konsonant** steht.	pen**ny** sto**ry** f**ly**	pen**nies** sto**ries** f**lies**
• bleibt auch im Plural das **-y** erhalten, wenn vor dem -y ein **Vokal** steht.	b**oy** w**ay** k**ey**	b**oys** w**ays** k**eys**

Bei Substantiven, die auf ***-f*** oder ***-fe*** enden,		
• wird das ***-f(e)*** in vielen Fällen zu ***-ves***.	lea**f** hal**f** thie**f** cal**f** shel**f** kni**fe** li**fe** loa**f** wi**fe**	lea**ves** hal**ves** thie**ves** cal**ves** shel**ves** kni**ves** li**ves** loa**ves** wi**ves**
• kann oder muss das ***-f(e)*** in einigen Fällen jedoch erhalten bleiben.	roo**f** chie**f** dwar**f** scar**f**	roo**fs** chie**fs** dwar**fs** (*auch* dwar**ves**) scar**fs** (*auch* scar**ves**)
Einige Substantive, die auf ***-o*** enden, bilden den Plural auf ***-oes***.	tomat**o** potat**o** her**o**	tomat**oes** potat**oes** her**oes**

2 Besonderheiten

• Wie im Deutschen gibt es auch im Englischen einige Substantive, die **nur im Singular** gebraucht werden, sogenannte ***uncountables*** (z. B. Milch – *milk*). Abweichend vom Deutschen werden noch weitere Wörter im Englischen nur im Singular gebraucht:	advice *(Rat, Ratschläge)*, evidence *(Beweise)*, furniture *(Möbel)*, information *(Informationen)*, merchandise *(Waren)*, news *(Neuigkeiten)*, produce *(Erzeugnisse)*, progress *(Fortschritte)*
Beachte vor allem das Wort ***news***, das wie ein Plural aussieht, aber stets mit einem **Singular-Verb** verwendet wird.	The news we heard about Judy **was** terrible. *Die Neuigkeiten, die wir Judy betreffend hörten,* ***waren*** *schrecklich.*

- Daneben gibt es Substantive, die **nur im Plural** gebraucht werden:

arms *(Waffen)*, belongings *(Habe)*, clothes *(Kleidung)*, goods *(Besitz, Habe, Güter)*, premises *(Anwesen)*, riches *(Reichtum)*, stairs *(Treppe)*

Häufig handelt es sich hier um sogenannte **„Paarwörter"** ***(pair nouns)***, die man sich immer als aus zwei Teilen bestehende Einheit vorstellt:

braces *(Hosenträger)*, glasses *(Brille)*, lungs *(Lunge)*, pyjamas *(Schlafanzug)*, scissors *(Schere)*, shorts *(kurze Hose)*, spectacles *(Brille)*, trousers *(Hose)*, tongs *(Zange)*

- Eine weitere Klasse von Substantiven bezeichnet **Gruppen von Personen**. Diese Substantive können, je nachdem, ob man die Einheit der Gruppe oder ihre einzelnen Mitglieder betonen will, mit einem **Singular- oder Pluralverb** gebraucht werden.

Martha's family **is** very important to her. (= Betonung der Einheit)
The Benson family **are** often sitting around the fire and talking. (= Betonung der einzelnen Mitglieder)

Der Artikel • The Article

Der korrekte Gebrauch des bestimmten (*the*) bzw. unbestimmten (*a*) Artikels im Englischen gehört zu den schwierigeren Kapiteln der Grammatik. Die richtige Verwendung hängt nämlich von mehreren Faktoren ab, z. B. von der Art des Substantivs oder vom Kontext. Doch glücklicherweise hat eine fehlerhafte Verwendung keine negativen Konsequenzen für die praktische Kommunikation. Daher ist es sinnvoll, sich nur die Fälle einzuprägen, in denen sich die Verwendung des Artikels im Englischen vom Gebrauch im Deutschen besonders deutlich unterscheidet.

1 Bestimmter Artikel • Definite Article

Ohne bestimmten Artikel stehen:

- **abstrakte Begriffe** (z. B. *agriculture, life, nature*)

Agriculture has to feed rising numbers of people.
Die Landwirtschaft *muss immer mehr Menschen ernähren.*

Our food should be produced in harmony **with nature**.
Unsere Nahrung sollte in Einklang mit ***der Natur*** *erzeugt werden.*

- Bezeichnungen für **Institutionen**, wenn nicht das konkrete Gebäude gemeint ist, in dem die betreffende Institution untergebracht ist.

School should provide better health education.
Die Schule *sollten eine bessere Gesundheitserziehung bieten.*

In many big cities **soup kitchens** provide free healthy meals for poor people.
In vielen Großstädten bieten ***Suppenküchen*** *kostenlose, gesunde Mahlzeiten für arme Menschen.*

- **Ortsbezeichnungen**
  (z. B. *Downing Street, Fleet Street*)

The latest Nutrition Information Centre was opened in **Fleet Street**.
Das neueste Informationszentrum für Ernährungsberatung wurde in ***der Fleet Street*** *eröffnet.*

- (die meisten) **Ländernamen**
  (z. B. *Scotland, Mexico, California, Turkey, Iran*)

Scotland's most famous dish is haggis, traditionally served on January 25, the birthday of the Scottisch poet Robert Burns.
Das berühmteste Gericht in ***Schottland*** *heißt Haggis, das traditionell am 25. Januar, dem Geburtstag des schottischen Dichters Robert Burns, serviert wird.*

- **Eigennamen von Bergen**
  (z. B. *Ben Nevis, Mont Blanc, Mount Everest*)

I'm not sure whether Robert Burns ever climbed **Ben Nevis**.
Ich weiß nicht, ob Robert Burns je ***den Ben Nevis*** *bestiegen hat.*

- **Eigennamen von Seen**
  (z. B. *Lake Victoria, Lake Superior*)

The freshly married couple organised a reception on board a yacht on **Lake Geneva**.
Das frisch vermählte Paar gab einen Empfang an Bord einer Jacht auf ***dem Genfer See****.*

Beachte besonders: Der Superlativ ***most*** hat vor Substantiven ohne bestimmten Artikel die Bedeutung ‚die meisten, der größere Teil'.

Most pupils don't like school dinners very much.
Die meisten Schüler*innen *mögen das Essen in der Schule nicht besonders.*

Mit bestimmtem Artikel stehen:	
• **abstrakte Begriffe**, wenn sie **näher bestimmt** oder **einge-grenzt** werden.	Life is precious. **The life** I lead should not harm any other creatures. *Das Leben ist wertvoll.* ***Das Leben****, welches ich führe, sollte keinen anderen Geschöpfen Schaden zufügen.*
• **Gebäudebezeichnungen**, wenn vom Gebäude *(the school building)* selbst, nicht aber von der Institution die Rede ist.	Last month a new kitchen was added to **the school**. *Letzten Monat wurde eine neue Küche an* ***die Schule*** *angebaut.*
• **Eigennamen im Plural**	the Millers, the Carlin Twins
• **einige Länder** *(the Falklands, the USA, the UK)*	**In the USA** life expectancy is about 79 years. ***In den USA*** *beträgt die Lebenserwartung ca. 79 Jahre.*
• **Eigennamen von Flüssen** und **Meeren**	the Thames, the Baltic Sea, the Atlantic Ocean
• der Superlativ ***most*** in Ausdrücken wie *to make the most of, for the most part* (‚zum größten Teil‘)	Schools offer healthy food at salad bars, but pupils **for the most part** do not touch it. *Schulen bieten gesundes Essen an Salattheken an, doch die Schüler*innen rühren es* ***zum größten Teil*** *nicht an.*
Beachte: Steht der bestimmte Artikel **vor beiden Attributen**, dann steht das folgende Substantiv im Singular.	In **the 19th** and **the 20th century** several organisations campaigned for the prohibition of alcohol. *Im* ***19. und 20. Jahrhundert*** *setzten sich mehrere Organisationen für ein Alkoholverbot ein.*

Aber: Steht der bestimmte Artikel nur **vor einem der Attribute**, dann steht das folgende Substantiv im Plural.

In **the 19th** and **20th centuries** several organisations campaigned for the prohibition of alcohol.
*Im **19. und 20. Jahrhundert** setzten sich mehrere Organisationen für ein Alkoholverbot ein.*

2 Unbestimmter Artikel • Indefinite Article

Ohne unbestimmten Artikel stehen **Funktions-, Titel- und Rangbezeichnungen**.

Paul Bocuse was voted "**Chef of the Century**" by the tourist guide Gault Millau in 1989.
*Paul Bocuse wurde 1989 vom Reiseführer Gault Millau zum „**Koch des Jahrhunderts**" gewählt.*

Der **unbestimmte Artikel** wird benutzt, um die Nationalität oder die Zugehörigkeit zu einem Beruf zu bezeichnen.
Im Deutschen verwenden wir in beiden Fällen **keinen** Artikel.

Auguste Escoffier was **a Frenchman**. He created more than 10,000 recipes.
*Auguste Escoffier war **Franzose**. Er kreierte mehr als 10 000 Rezepte.*

He started his career as **a kitchen boy** at the age of 12 in Nice.
*Er begann seine Karriere im Alter von 12 Jahren **als Küchenjunge** in Nizza.*

Pronomen und Begleiter • Pronouns and Determiners

1 Personalpronomen • Personal Pronouns

1.1 Form

- **Subjektform**:
  I, you, he/she/it, we, you, they
- **Objektform:**
  me, you, him/her/it, us, you, them

I live in London.
Ich *lebe in London.*

She saw **him** yesterday.
Sie sah ***ihn*** *gestern.*

1.2 Verwendung

- Personalpronomen werden anstelle von Nomen verwendet, v. a. um eine Wiederholung desselben Nomens zu vermeiden.
- Im Gegensatz zum Deutschen gibt es im Englischen **nur eine Objektform** der Pronomen, die für **direkte und indirekte Objekte** verwendet wird.

Do you know Harry? Do you like **him** (= Harry)?
Kennst du Harry? Magst du ***ihn*** *(= Harry)?*

I usually ask **him** for advice, but sometimes I give **him** advice, too.
Normalerweise frage ich ***ihn*** *um Rat, aber manchmal gebe auch ich* ***ihm*** *Ratschläge.*

2 Reflexivpronomen • Reflexive Pronouns

2.1 Form

- **Singular:** *myself, yourself, himself/herself/itself*
- **Plural:** *ourselves, yourselves, themselves*

She regards **herself** as someone special.
Sie hält ***sich*** *für etwas Besonderes.*

Sometimes we like to be just by **ourselves**.
Manchmal wollen wir einfach unter ***uns*** *sein.*

• Allgemeinform: *oneself*	It is necessary to remind **oneself** of the dangers of climate change. *Es ist notwendig, **sich** die Gefahren des Klimawandels ins Gedächtnis zu rufen.*

2.2 Verwendung

Reflexivpronomen werden verwendet,	
• um den **Bezug** zu einem vorher zumeist als Subjekt des Satzes genannten Nomen oder Pronomen deutlich zu machen.	Peter reminded **himself** to do his homework. vs. Peter reminded **him (= Elijah)** to do his homework.
• um ein Nomen oder Pronomen zu **betonen**. (In diesen Fällen wäre der Satz auch ohne das Reflexivpronomen grammatikalisch vollständig.)	I have to see it **myself**. *Ich muss das **mit eigenen Augen** sehen.*

2.3 Besonderheiten

• Einige Verben, die im Deutschen mit Reflexivpronomen gebraucht werden, benötigen **im Englischen kein Reflexivpronomen**. Beispiele sind: *to wash, to shower, to shave, to look forward to, to hide*	I **wash** in the mornings. My father **shaves** every three days. *Morgens **wasche** ich **mich**. Mein Vater **rasiert sich** alle drei Tage.*
Hier kann das Reflexivpronomen lediglich zur **Betonung** eingesetzt werden.	Milo is six. He can **wash himself**. *Milo ist sechs Jahre alt. Er kann **sich schon selbst waschen**.*
• In Fällen, in denen eine wechselseitige Beziehung ausgedrückt werden soll, steht das reziproke Pronomen ***each other***.	Friends should always help **each other.** *Freunde sollten **einander** (≠ sich selbst) immer helfen.*

- Auch hier gibt es im Englischen Verben, die, anders als im Deutschen, **ohne Reziprokpronomen** verwendet werden. Beispiele sind: *to argue, to quarrel, to embrace, to kiss, to part*

Jamie and Eleanor **kissed** in the cinema.
*Jamie und Eleanor **küssten sich** im Kino.*

3 Possessivpronomen und -begleiter • Possessive Pronouns and Determiners

3.1 Form

- **Possessivbegleiter:** *my, your, his/her/its, our, your, their*

This is **my** new smartphone.
*Das ist **mein** neues Smartphone.*

- **Possessivpronomen:** *mine, yours, his/hers/its, ours, yours, theirs*

This smartphone is **mine**.
*Dieses Smartphone ist **meines**.*

3.2 Verwendung

- Die Possessiv**begleiter** stehen **zusammen mit** einem **Nomen**.

My books are over there.
***Meine Bücher** sind da drüben.*

- Die Possessiv**pronomen ersetzen** ein Nomen mit Possessivbegleiter.

Do you have many books? You can see **mine** (= my books) over there.
*Hast du viele Bücher? **Meine** (= meine Bücher) siehst du da drüben.*

4 Demonstrativpronomen und -begleiter • Demonstrative Pronouns and Determiners

4.1 Form

Demonstrativpronomen und -begleiter haben dieselbe Form, d. h., unabhängig davon, ob sie gemeinsam mit einem Nomen stehen oder dieses ersetzen, lauten sie gleich.

- Singular: ***this***, ***that***
- Plural: ***these***, ***those***

4.2 Verwendung

- ***this/these*** für Näherliegendes und gerade Erwähntes

I only saw him **this** morning.
Ich habe ihn erst ***heute/diesen*** *Morgen gesehen.*

- ***that/those*** für Entfernteres und Vergangenes

I've never been to **that** country.
Ich war noch nie in ***diesem/jenem*** *Land.*

These pens are mine and **those** are yours.
Diese *Stifte sind meine und* ***jene*** *sind deine.*

5 Indefinitpronomen und -begleiter • Indefinite Pronouns and Determiners

5.1 Form

- Die meisten Indefinitbegleiter können auch als Pronomen (ohne Bezugswort) verwendet werden.

all, any, each, (n)either, some, much, many

- In einigen Fällen gibt es für Pronomen und Begleiter ähnliche, aber voneinander abweichende Formen.

no (Begeiter) ≠ **none** (Pronomen)
another (Sg.), **other** (Pl.) (Begleiter) ≠ **another one** (Sg.), **others** (Pl.) (Pronomen)

• Von ***any***, ***every***, ***some*** und ***no*** gibt es außerdem noch zusammengesetzte Pronomen:	anyone, anybody, anything everyone, everybody, everything no one, nobody, nothing someone, somebody, something

5.2 Besonderheiten

5.2.1 *Some* und *any* in bejahten und verneinten Sätzen

• In **bejahten Sätzen** werden üblicherweise ***some*** und seine Zusammensetzungen verwendet:	I would like **something** to drink, please. *Ich hätte bitte gerne* ***etwas*** *zu trinken.*
• In **verneinten Sätzen** und **Fragen** werden üblicherweise ***any*** und seine Zusammensetzungen verwendet:	I cannot find **anything** to eat. *Ich kann* ***nichts*** *zu essen finden.* Have you watched **any** new films lately? *Hast du kürzlich* ***irgendwelche*** *neuen Filme geschaut?*

5.2.2 *much – many*

• ***much*** wird mit Substantiven im **Singular** verwendet. [Beachte hier auch die *uncountables*, vgl. S. 10.]	Parents warn of too **much** violence in video games. *Eltern warnen vor zu* ***viel*** *Gewalt in Videospielen.*
• ***many*** wird mit Substantiven im **Plural** verwendet.	How **many** fans were at the concert? *Wie* ***viele*** *Fans waren auf dem Konzert?*
• Vor allem in bejahten Sätzen wird statt *much* und *many* oft ***a lot of*** verwendet:	Helena has **a lot of** friends. *Helena hat* ***viele*** *Freunde.*

Präpositionen • Prepositions

1 Form

Präpositionen sind – in jeder Sprache – ein „weites Feld“. Die deutsche Bezeichnung „Verhältniswörter“ verdeutlicht, dass durch diese Wörter Beziehungen räumlicher, zeitlicher oder sonstiger Art ausgedrückt werden:

• **räumliches Verhältnis** zweier Objekte:	The new school kitchen is **behind** the main building. *Die neue Schulküche befindet sich hinter dem Hauptgebäude.*
• **zeitliches Verhältnis** zweier Handlungen:	School starts **after** assembly at 9 o'clock. *Die Schule beginnt nach der Versammlung um 9 Uhr.*

Ein und dieselbe Präposition kann nicht nur eine räumliche Beziehung ausdrücken, sondern auch eine oder mehrere andere.

• Ortsangabe	**at** work
• Zeitangabe	**at** midnight, **at** the age of 12
• Zustandsangabe	**at** rest, **at** his/her best
• weitere Möglichkeiten (Preis, Geschwindigkeit etc.)	**at** 10 £ each, **at** 50 mph

Die Schwierigkeiten, die Lernende mit Präpositionen haben, liegen in der Regel nicht im Bereich der Bildung, sondern vielmehr im Bereich der Verwendung. Übersetzt man z. B. das deutsche ‚über‘ in einem Text mit *about, over, above* oder *on top of*?
Angesichts der Fülle von Möglichkeiten, Besonderheiten und Ausnahmen sollen im Folgenden einige ausgesuchte Bereiche des Lerngebiets „Präpositionen“ herausgestellt werden, ohne jedoch Anspruch auf Vollständigkeit zu erheben.

2 Verwendung

Präpositionen stellen sozusagen einen Schnittpunkt zwischen **Wortschatz** und **Grammatik** dar. Einerseits machen sie Beziehung zwischen Satzgliedern deutlich, übernehmen also eine bestimmte grammatikalische Funktion im Satz. Einige dieser Funktionen und Beispiele finden Sie unten aufgelistet. Andererseits gibt es keine knappen Regeln, wann man welche Präposition benutzt, und eine einzige Präposition kann in mehreren Sinnzusammenhängen auftreten. Am besten lernt man sie also in Verknüpfung mit bestimmten Ausdrücken, womit sie eher in den Bereich der Wortschatzarbeit fallen. Um Ihnen diese Wortschatzarbeit zu erleichtern, gelangen Sie über den an der Seite stehenden QR-Code zu einer Sammlung von **MindCards**, digitalen Lernkarten, mit denen Sie die Verwendung der Präpositionen im Satzzusammenhang einüben können.

• Präpositionen zur Bezeichnung von **örtlichen Beziehungen**:	behind	*hinter*
	beside	*neben*
	from	*von*
	in	*in, hinein*
	in front of	*vor*
	on	*auf*
	over	*über*
	through	*durch*
	to	*zu, an, nach, in (wohin?)*
• Präpositionen zur Bezeichnung von **zeitlichen Beziehungen**:	after	*nach*
	before	*vor*
	by	*(spätestens) um/in/an*
	during	*während*
	for	*für, … lang; seit (Zeitraum)*
	from … to/until	*von … bis*
	since	*seit (Zeitpunkt)*
• Präpositionen zur Bezeichnung der **Art und Weise** oder des **Mittels**:	by	*mithilfe von*
	like	*wie*
	with	*mit*
	without	*ohne*

• Präpositionen zur Bezeichnung des **Grundes** oder der **Ursache**:	because of for from on account of	*wegen* *für, wegen* *aufgrund von, wegen* *wegen, aufgrund von*
• Präpositionen zur Bezeichnung des **Zwecks** oder der **Absicht**:	for for the sake of	*für, mit dem Ziel …* *um … willen*
• Präpositionen zur Bezeichnung der **Beziehung**:	against with without	*gegen* *mit* *ohne*

3 Besonderheiten

3.1 Hauptfehlerquellen

3.1.1 Präpositionen zur Bezeichnung der Reise und Bewegung (*travel and movement*)

to travel/go **by** bike/**by** car = *mit dem Fahrrad/Auto*
to go **on** foot = ***zu*** *Fuß*
to be **in** the streets = ***auf*** *der Straße*
to stop **at** = *halten* ***bei***
to arrive **in/at** = *ankommen* ***in/an***

3.1.2 Präpositionen zur Bezeichnung der Zeit und des Datums (*time and date*)

• **Uhrzeit**	
nach	9.10 a.m. It's ten **past** nine in the morning.
vor	2.55 p.m. It's five **to** three in the afternoon.
um	12.30 p.m. School dinner is served **at** half past twelve.

• **Wochentage, Festtage, Monate, Jahreszeiten, Jahreszahlen**	
on	**on** Monday, **on** my birthday, **on** Boxing Day, **on** Christmas Eve, **on** New Years's Eve, **on** the 11th of September
at	**at** Christmas, **at** Easter, **at** Whitsun
in	**in** August, **in** the summer, **in** 2003

3.1.3 Präpositionen nach bestimmten Ausdrücken (*after particular words or expressions*)

agree with sb	*jdm. zustimmen*	explanation of/for	*Erklärung für*
angry with sb	*verärgert über jdn.*	independent of	*unabhängig von*
anxious about	*besorgt über*	insist on	*bestehen auf*
arrive in/at	*ankommen in/an*	interested in	*interessiert an*
astonished at	*erstaunt über*	married to	*verheiratet mit*
believe in	*glauben an*	reason for	*Grund für*
depend on	*abhängen von*	remind of	*erinnern an*
die of	*sterben an*	shocked at/by	*schockiert über/von*
divide into	*teilen in*		
example of	*Beispiel für*	suffer from	*leiden an*
good/clever at/ with/in	*gut in*	typical of	*typisch für*
		white with (fear)	*weiß vor (Angst/Schreck)*

[Beachten Sie in diesem Zusammenhang auch die *prepositional verbs* auf S. 55.]

3.2 Typische Wendungen mit Präpositionen

• Wendungen, um nach dem Weg zu fragen	Could you please tell me the way **to** Greenford Comprehensive School?
	What's the nearest way **to** Greenford Comprehensive School?
	How do I get **to** Greenford Comprehensive School?

- Wendungen, um jemandem den Weg zu beschreiben

Keep straight on, **past** (= *vorbei an)* the traffic lights.

When you come **to** the next zebra crossing, turn left **into** Warren Street.

Go **past** Sainsbury's and take the second road on the right.

- Wendungen bei der Textanalyse *(writing about texts)*

In 1926 a government committee published a report **on** schools in England.
1926 veröffentlichte eine Regierungskommission einen Bericht über die Schulen in England.

The committee dealt **with** the question at what age children should go to which type of school.
Die Kommission beschäftigte sich mit der Frage, in welchem Alter Kinder auf welche Art von Schule gehen sollten.

The committee suggested dividing the schools **into** primary and secondary schools.
Die Kommission schlug vor, die Schulen in Primar- und Sekundarschulen einzuteilen.

A report from 1935 presented details **about/on/regarding** school examinations.
Ein Bericht von 1935 legte Einzelheiten über Schulprüfungen vor.

The committee commented **on** the school leaving age and gave examples **of** good management.
Der Ausschuss äußerte seine Meinung zum Schulabgangsalter und gab Beispiele für gute Verwaltung.

On the whole (= *im Großen und Ganzen*)

All **in** all I agree (= *alles in allem*)

I disagree **with** what the writer says.

Modale Hilfsverben • Modal Auxiliaries

Verben werden im Englischen in drei Gruppen eingeteilt:

- Vollverben
- die Verben *to be, to do, to have,* die als Voll- oder Hilfsverben auftreten können
- Hilfsverben, die stets in Verbindung mit einem anderen Verb in einem Satz auftreten

Die modalen Hilfsverben *(can, could, may, might, shall, should, will, would, must)* werden zuweilen auch als „unvollständige" Hilfsverben *(defective auxiliaries)* bezeichnet, da sie keine Infinitiv- und Partizipialformen haben und nicht alle Zeitformen bilden können. Einige weitere Besonderheiten der *modal auxiliaries* sind unten aufgeführt.

1 Form und Bildung

- Die modalen Hilfsverben haben für alle Personen **nur eine Form** (kein -*s* in der 3. Person Singular).

The government **must try** to improve race relations.
Die Regierung muss versuchen, die Beziehungen zwischen Menschen unterschiedlicher ethnischer Herkunft zu verbessern.

All government**s must try** to improve race relations.
Alle Regierungen müssen versuchen, die Beziehungen zwischen Menschen unterschiedlicher ethnischer Herkunft zu verbessern.

You, too, **must try** to improve race relations.
Auch du musst versuchen, die Beziehungen zwischen Menschen unterschiedlicher ethnischer Herkunft zu verbessern.

- Auf modale Hilfsverben folgt der **Infinitiv ohne *to***.

Employers **must provide** equal job opportunities for different ethnicities.
*Arbeitgeber*innen müssen Menschen mit unterschiedlicher ethnischer Herkunft gleiche Chancen am Arbeitsplatz bieten.*

- **Frage** und **Verneinung** werden **ohne *do/does/did*** gebildet.

Can we overcome discrimination of ethnic minorities and treat all human beings equally?
Können wir die Benachteiligung ethnischer Minderheiten überwinden und alle Menschen gleich behandeln?

For the sake of peace in society **we cannot afford** to treat people unequally.
Um des sozialen Friedens willen können wir es uns nicht erlauben, Menschen ungleich zu behandeln.

- Bestimmte **Zeitformen** *(future, present perfect, past perfect)* von modalen Hilfsverben werden mithilfe eines **Ersatzverbs** gebildet.

All countries **will have to solve** the financial problems connected with an ageing population.
Alle Länder werden die finanziellen Probleme, die mit der Alterung der Bevölkerung verbunden sind, lösen müssen.

- Die modalen Hilfsverben können ein **direktes Objekt** nur **mithilfe eines Vollverbs anschließen**.

If Latin American job applicants **can speak Spanish** fluently, it should be seen as an advantage.
*Wenn lateinamerikanische Bewerber*innen auf eine Stelle fließend Spanisch (sprechen) können, sollte das als Vorteil gesehen werden.*

1.1 Übersicht über die modalen Hilfsverben und ihre Ersatzformen (‚*substitutes*')

Modal auxiliaries	Substitutes
can/could (*können*)	to be able to
may/might (*dürfen*)	to be allowed to
must (*müssen*)	to have to
shall/should (*sollen*)	to be to
will/would (*wollen, werden, würden*)	to want/to wish/to desire

1.2 *can/could/to be able to* als Beispiel in verschiedenen Zeitstufen

Tense	Positive form	Negative form
Present	I can understand.	I can't understand./ I cannot understand.
Future	I'll be able to understand.	I won't be able to understand.
Past	I could understand. I was able to understand.	I couldn't understand. I wasn't able to understand.
Present perfect	I have been able to understand.	I haven't been able to understand.
Past perfect	I had been able to understand.	I hadn't been able to understand.
Conditional	I could understand. I would be able to understand.	I couldn't understand. I wouldn't be able to understand.
Conditional II/ Conditional perfect	I could have understood. I would have been able to understand.	I couldn't have understood. I wouldn't have been able to understand.

2 Verwendung

2.1 *can/could* (‚können‘) – Ersatzformen: *to be able to, it is possible, to be allowed to*

can/could wird verwendet zum Ausdruck der	
• **Möglichkeit** (*it is possible that*)	When the minister says that she wants tougher controls, she **can't mean** that the rights of the individual should be undermined. *Wenn die Ministerin sagt, sie wolle strengere Kontrollen, kann sie nicht meinen, dass individuelle Rechte eingeschränkt werden sollten.*
• **Fähigkeit** (*to be able to*)	How **can** we **avoid** riots continually breaking out? *Wie können wir vermeiden, dass Krawalle immer wieder ausbrechen?* The Home Secretary **will be able to inform** Parliament in detail about the riots next week. *Der Innenminister wird das Parlament nächste Woche ausführlich über die Unruhen unterrichten können.*
• **Erlaubnis** (*to be allowed to*)	The police **couldn't deal out** (= weren't allowed to deal out) indiscriminate blows to stop the riots. *Die Polizei konnte/durfte nicht wahllos um sich schlagen, um die Krawalle zu beenden.*

could kann sowohl ***past tense*** von *can* (‚konnte‘) sein als auch ***conditional*** (‚könnte‘).

2.2 *may/might* (‚dürfen‘) – Ersatzformen: *to be allowed to, it is (perhaps) possible*

may/might wird verwendet zum Ausdruck der	
• **Erlaubnis** *(to be allowed)*	The police officer told the witness, "You **may go** now." *Der Polizist/Die Polizistin erklärte dem Zeugen/der Zeugin: „Sie dürfen jetzt gehen."*
• **Vermutung** (*perhaps* = ‚vielleicht‘)	When you watch the numerous reports on violent race riots on TV you **might get** the impression that race relations are in a bad state. *Wenn man die zahlreichen Berichte über rassistisch motivierte Unruhen im Fernsehen sieht, könnte man den Eindruck gewinnen, dass es schlecht bestellt ist um die Beziehungen zwischen Menschen unterschiedlicher ethnischer Herkunft.*
• **geringen Wahrscheinlichkeit** (‚könnte‘)	People **might forget** that, on the whole, race relations have changed for the better in recent years. *Die Menschen könnten vielleicht vergessen, dass sich in den letzten Jahren die Beziehungen zwischen Menschen unterschiedlicher ethnischer Herkunft insgesamt verbessert haben.*

2.3 *must* (‚müssen‘) – Ersatzformen: *to have to, to be sure/certain to*

must wird verwendet zum Ausdruck der

- **Notwendigkeit** *(to have to)*

We **must overcome** racist prejudices.
Wir müssen rassistische Vorurteile überwinden.

- **Gewissheit** *(to be sure/certain)*

There **must be** lots of people who want to help in this country.
Es muss eine Menge Leute in diesem Land geben, die helfen wollen.

2.4 *will/would* (‚werden‘, ‚würden‘, ‚wollen‘) – Ersatzformen: *to want, to wish, to desire*

will/would wird verwendet zum Ausdruck der

- **Aufforderung, Bitte** *(to want to)* (mit ***would*** ist eine Aufforderung oder Bitte besonders höflich)

The Prime Minister said to the Home Secretary, "**Will/Would** you please make sure that you get all the details of the incident?"
Der Premierminister sagte zur Innenministerin: „Würden Sie bitte dafür sorgen, dass Sie über den Vorfall alle Einzelheiten erfahren?“

- **Zukunft** (hierbei dient ***would*** zum Ausdruck der Vorzeitigkeit, zum Beispiel in der indirekten Rede)

We **won't** tolerate any more trouble in that area.
Wir werden in dieser Gegend keine weiteren Unruhen mehr zulassen.

The politicians told the public that they **wouldn't** tolerate any more trouble in that area.
*Die Politiker*innen erklärten der Öffentlichkeit, dass sie in dieser Gegend keine weiteren Unruhen mehr zulassen würden.*

2.5 *shall/should* (‚sollen') – Ersatzformen: *to be to, to want, to plan/intend, it is probable*

shall/should wird verwendet zum Ausdruck	
• einer **Mahnung** (*to be to*)	The rich industrialised West **should support** low-income countries. *Der reiche industrialisierte Westen sollte Länder mit geringem Einkommen unterstützen.*
• eines **Vorschlags** (*to want to*)	**Shall I remind you** (= Do you want me to remind you …) of the contribution of immigrants to the economic rise of the country? *Soll ich dich an den Beitrag der Eingewanderten zum wirtschaftlichen Aufstieg des Landes erinnern?*
• einer **Absicht** (*to plan/intend to*)	I **shall spend** about two hours in the conference. *Ich sollte etwa zwei Stunden bei der Konferenz verbringen.*
• einer **Wahrscheinlichkeit** (*it is probable that*)	There **shouldn't be** any more difficulties now. *Es sollte jetzt keine Probleme mehr geben.*

3 Besonderheiten

3.1 *must not/need not*

• *must not/mustn't* (‚nicht dürfen') drückt ein **Verbot** aus.	People **must not be judged** "by the color of their skin but by the content of their character". (Martin Luther King) *Wir dürfen Menschen nicht nach ihrer Hautfarbe, sondern nach ihrem Charakter beurteilen.*

• *need not/needn't* (‚nicht müssen') drückt das **Fehlen eines Zwangs** oder **einer Notwendigkeit** aus.	You **needn't look** far to realise that asylum seekers are often met with prejudice. *Man braucht nicht lange zu suchen, um zu bemerken, dass Asylsuchende oft auf Vorurteile stoßen.*

Die deutsche Wendung ‚Du musst nicht/du brauchst nicht' kann nur durch *You need not/you don't have to* wiedergegeben werden.

3.2 Deutsches ‚sollen'

• ‚Sollen' wird zum Ausdruck eines **Ratschlags** oder einer **Verpflichtung** durch ***should*** oder ***ought to*** wiedergegeben. (auch ***to be supposed to***)	In all civilized societies people **should enjoy** equal rights. *In allen zivilisierten Gesellschaften* ***sollten*** *die Menschen über gleiche Rechte verfügen.*
• ‚Sollen' wird im Sinne einer **Weitergabe einer Information** durch ***to be said to*** oder ***to be supposed/considered to*** wiedergegeben.	Many youths **are said to** hold menial jobs. *Viele junge Menschen* ***sollen*** *(= man sagt, behauptet das) Hilfsarbeiten verrichten.*
• ‚Sollen' wird in der **Einleitung einer Frage** durch ***shall*** wiedergegeben.	"**Shall I tell you** how many African Americans are employed in the professions?" *„**Soll** ich dir sagen, wie viele Afroamerikaner*innen in gehobeneren Berufen arbeiten?"*
• ‚Sollen' wird im Sinne einer **Weitergabe einer Anweisung** durch ***to be to*** wiedergegeben.	The job centres **are to inform** young jobless people of special training courses to improve their employment chances. *Die Arbeitsämter* ***sollen*** *junge Arbeitslose über Trainingskurse informieren, mit denen sie ihre Anstellungschancen verbessern können.*

Zeiten • Tenses

1 Form und Bildung

1.1 Present tense

• ***Simple form*** **3. Person Singular** ***-s***	Susan **works** on a project on America's role in the world. *Susan arbeitet an einem Projekt über die Rolle Amerikas in der Welt.*
• ***Progressive form*** ***am, are, is*** **+** ***-ing*****-Form**	The students **are working** on a project on America's role in the world.

1.2 Future tense

• ***Simple form*** ***will*** **+ Infinitiv**	Next week the students **will work** on a project on America's role in the world.
• ***Progressive form*** ***will be*** **+** ***-ing*****-Form**	Next week the students **will be working** on a project on America's role in the world.

1.3 Past tense

• ***Simple form*** Regelmäßige Bildung durch Anhängen von ***-ed*** oder ***-d*** an den Infinitiv. Unregelmäßige Bildung: siehe Liste der unregelmäßigen Verben!	Last week the students **worked** on a project on America's role in the world.
• ***Progressive form*** ***was/were*** **+** ***-ing*****-Form**	Last week the students **were working** on a project on America's role in the world.

1.4 Present perfect

• *Simple form* *have/has + past participle*	The students **have worked** on a project on America's role in the world for three weeks.
• *Progressive form* *have/has been +* **-*ing*-Form**	The students **have been working** on a project on America's role in the world for three weeks.

1.5 Past perfect

• *Simple form* *had + past participle*	The students **had worked** on a project on America's role in the world before they started their project on the British Empire.
• *Progressive form* *had been +* **-*ing*-Form**	The students **had been working** on a project on America's role in the world before they started their project on the British Empire.

1.6 Future perfect

• *Simple form* *will have + past participle*	The students **will have finished** their project on America's role in the world by August.
• *Progressive form* *will have been +* **-*ing*-Form**	The students **will have been working** on their project for weeks by August.

1.7 Conditional

• *Simple form* *would +* **Infinitiv**	The students **would work** on a project on America's role in the world if they had enough material.
• *Progressive form* *would be +* **-*ing*-Form**	The students **would be working** on a project on America's role in the world now if they had enough material.

1.8 Conditional II / Conditional perfect

- ***Simple form***
  would have + past participle

The students **would have worked** on a project on America's role in the world if they had had enough material.

- ***Progressive form***
  would have been + -ing-Form

The students **would have been working** on a project on America's role in the world for the whole week if they had had enough material.

2 Verwendung

2.1 Present tense

2.1.1 Simple present

Simple present wird gebraucht, um auszudrücken, dass etwas **häufiger geschieht** oder **allgemein wahr ist**.

Es ist außerdem das **Grundtempus der Gegenwart** und **aufeinanderfolgende** oder **neu einsetzende** Handlungen werden ebenfalls im *simple present* ausgedrückt.

Signalwörter: *often, usually, generally, every Sunday, first, then, after that* etc.

The US economy **is** one of the strongest in the world.
Die US Wirtschaft ist eine der stärksten der Welt.

The President **leaves** his car. He **approaches** the foreign guests and **shakes** their hands.
Der Präsident steigt aus dem Auto. Er nähert sich den ausländischen Gästen und schüttelt ihre Hände.

2.1.2 Present progressive

Present progressive wird gebraucht,

- um auszudrücken, dass etwas **gerade vor sich geht** und **noch nicht abgeschlossen ist**.

  Signalwörter: *Look, …, at present, at the moment* etc.

At the moment many political observers **are discussing** America's influence in the world.
*Im Augenblick diskutieren viele politische Beobachter*innen über Amerikas Einfluss in der Welt.*

- Es kann in Verbindung mit einer Zeitangabe aber auch eine **zukünftige, festgelegte Handlung** bezeichnen.

The US President **is travelling** to London tomorrow to start his European goodwill tour.
Morgen reist der US-Präsident nach London, um seine Goodwill-Tour durch Europa zu beginnen.

Beachte: Besonderheiten der Schreibung, wenn *-ing* an den Infinitiv angehängt wird:

- stummes *-e* fällt weg

arrive – arriving
leave – leaving

- einfacher Endkonsonant in betonter Silbe wird verdoppelt

run – running
stop – stopping

- *-ie* wird zu *-y-*

die – dying
lie – lying

2.2 Future tense

2.2.1 Will-future

Will-future wird gebraucht, um auszudrücken, dass etwas geschehen wird.
[Genaueres siehe S. 48/49]

Signalwörter: *soon, in the year 2035, in (the near) future, next week* etc.

In the near future many political observers **will question** America's leading position in the world.
*In naher Zukunft werden viele politische Beobachter*innen Amerikas führende Rolle in der Welt hinterfragen.*

2.2.2 Future progressive

Future progressive wird gebraucht, um eine Handlung zu bezeichnen, die zu einem **Zeitpunkt in der Zukunft im Verlauf sein wird**.

Others are convinced that the US **will be occupying** the top position for quite some time.
Andere sind davon überzeugt, dass die USA die führende Position noch eine ganze Weile einnehmen werden.

2.3 Past tense

2.3.1 Simple past

Simple past wird benutzt, um auszudrücken, dass eine **Handlung abgeschlossen** ist.

Ähnlich wie das *simple present* in der Gegenwart ist das *simple past* die **Erzählzeit der Vergangenheit** und wird für eine **Handlungskette** oder **neu einsetzende Handlungen** in der Vergangenheit verwendet.

Signalwörter: *in the past, yesterday, two weeks ago, 2000 B.C., in 1912, last month* etc.

Isolationism **was** the traditional US policy towards the rest of the world until the late 19th century.
Der Isolationismus war die traditionelle Politik der USA gegenüber der restlichen Welt bis gegen Ende des 19. Jahrhunderts.

In 1845 the US President **decided** to annex Texas for the USA. After that US forces **fought** in Mexico until the Treaty of Guadalupe Hidalgo officially **ended** the conflict.
1845 beschloss der US-Präsident, Texas für die Vereinigten Staaten zu annektieren. Danach kämpften US-Truppen in Mexiko, bis der Vertrag von Guadalupe Hidalgo den Konflikt offiziell beendete.

Beachte: Im Deutschen kann man hier sowohl Präteritum als auch Perfekt verwenden, im Englischen ist nur *simple past* möglich!
[siehe S. 46/47 Abschnitt 3.4]

In the late nineteenth century the United States **began** to claim status as world power.
Im späten 19. Jahrhundert begannen die USA (oder: haben die USA begonnen), die Anerkennung als Weltmacht zu fordern.

2.3.2 Past progressive

Past progressive wird benutzt,

- um auszudrücken, dass etwas **während eines Zeitraums in der Vergangenheit vor sich ging**,
- um die **Hintergrundhandlung** zu bezeichnen, d. h., es gibt zwei Handlungen in der Vergangenheit: eine von diesen beiden (sie dauert meist länger) ist die Hintergrundhandlung *(progressive)*, die noch nicht abgeschlossen ist, wenn die andere *(simple)* einsetzt. Signalwörter: *while*, Hauptsatz vor *when* etc.

More than one million US soldiers **were fighting** in the First World War.
Mehr als eine Million US-Soldaten kämpften im Ersten Weltkrieg.

While the President **was giving** a speech, some listeners **decided** to cause a disturbance.
*Während der Präsident eine Rede hielt, entschlossen sich einige Zuhörer*innen, für Aufruhr zu sorgen.*

2.4 Present perfect

2.4.1 Simple present perfect

Simple present perfect wird benutzt, um auszudrücken, dass eine **Handlung oder ein Zustand der Vergangenheit** einen **Bezug zur Gegenwart** hat.
[Genaueres siehe S. 46/47 Abschnitt 3.4]

Signalwörter: *until now, (not) yet, already, ever, just now, since, for* etc.

Isolationism **has always been** a strong movement within the USA since the American Civil War.
Der Isolationismus ist in den USA seit dem amerikanischen Bürgerkrieg immer eine starke Bewegung gewesen.

2.4.2 Present perfect progressive

Während das einfache *present perfect* benutzt wird, um das Ergebnis einer Handlung auszudrücken, wird durch das *present perfect progressive* die **Dauer einer Handlung** betont.

Beachte: Deutsche Übersetzung: **Präsens**

For decades politicians **have been arguing** about American involvement in world affairs.
Seit Jahrzehnten ***streiten*** *Politiker*innen über das amerikanische Engagement in der Weltpolitik.*

2.5 Past perfect

2.5.1 Simple past perfect

Past perfect wird benutzt, um **zwei Handlungen**, die beide in der Vergangenheit liegen, in die **richtige Reihenfolge** zu bringen: Was zuerst passierte, wird im *past perfect* ausgedrückt, was folgte, im *simple past.*

The US **had stayed** out of World War I until 1917 when it **decided** to enter the war.
Die Vereinigten Staaten hatten sich bis 1917 aus dem Ersten Weltkrieg herausgehalten, als sie beschlossen, in den Krieg einzutreten.

2.5.2 Past perfect progressive

Past perfect progressive wird benutzt, um die **Dauer der Handlung, die in der Vergangenheit schon vorbei war, zu betonen.**

Up to the outbreak of the First World War the German chemical industry **had been leading** the world before the American chemical industry **took** its place.
Bis zum Ausbruch des Ersten Weltkriegs hatte die deutsche Chemieindustrie die führende Rolle in der Welt inne, bevor die amerikanische Chemieindustrie ihren Platz übernahm.

3 Besonderheiten

3.1 Einfache Form oder Verlaufsform?

Wie die Bezeichnung „Verlaufsform" bereits andeutet, ist die *progressive* oder *continuous form* eine Form und keine eigene Zeit.

Durch die Verwendung der *progressive form* statt der *simple form* soll vor allem die **Dauer einer Handlung** betont werden.

Man kann von jeder Zeitstufe die *progressive/continuous form* bilden.

Tense	Simple	Progressive/continuous
Present	The US economy **does** well.	The US economy **is doing** well.
Past	The US economy **did** well.	The US economy **was doing** well.
Present Perfect	The US economy **has done** well.	The US economy **has been doing** well.

3.2 Verben ohne Verlaufsform

Bestimmte Verben können **nur** in der ***simple form*** verwendet werden.

Die Verben der folgenden Gruppen können **nicht** (oder nur in einer speziellen Bedeutung) **in der *progressive form*** verwendet werden:

Zustandsverben

be = *sein*
(**aber**: They're being stupid. = *sich verhalten*)
belong to = *gehören (zu)*
consist of = *bestehen aus*
cost = *kosten*
have = *besitzen*
(**aber**: They're having breakfast / a shower. = *frühstücken / duschen*)
look = *aussehen*
(**aber:** They are looking at him. = *anschauen*)
mean = *bedeuten*
(**aber:** I've been meaning to do it. = *planen*)
need = *brauchen*
own = *besitzen*
seem = *scheinen*
smell = *(nach etwas) riechen*
(**aber:** I was smelling the roses. = *an etw. riechen*)
sound = *(nach etwas) klingen*
(**aber:** The bell was sounding. = *klingeln*)
taste = *(nach etwas) schmecken*
(**aber:** The cook was tasting the soup and was content. = *abschmecken*)
weigh = *wiegen* (**aber:** I was weighing the pros and cons carefully. = *abwägen*)

Verben des Meinens, Wissens, Vermutens

agree = *zustimmen*
believe = *glauben*
imagine = *sich vorstellen*
know = *kennen, wissen*
realise = *merken*
recognise = *erkennen*
remember = *sich erinnern*
see = *einsehen, verstehen*
(**aber:** Kim is seeing Dave. = *mit jdm. zusammen sein*)
suppose = *annehmen*
think = *glauben, meinen*
(**aber:** Sorry, I was thinking. = *nachdenken, in Gedanken sein*)
understand = *verstehen*

Verben des Mögens, Nichtmögens, Wollens

dislike = *nicht mögen*
hate = *hassen*
love = *sehr mögen*
like = *gern haben*
mind = *etw. haben gegen*
(**aber:** Her father is minding the children. = *aufpassen*)
prefer = *etw. bevorzugen*
want = *wollen*

Verben der Wahrnehmung

feel = *fühlen*
hear = *hören*
notice = *bemerken*
see = *sehen (können)*
smell = *riechen (können)*
taste = *schmecken (können)*
aber: s. oben für Vorgänge wie abschmecken, an etwas riechen, etc.

3.3 *always* + Verlaufsform

- Normalerweise deutet die Verwendung von *always* auf eine **Handlung** hin, **die stets abläuft.** Zum Ausdruck wiederkehrender Handlungen wird das *simple present* verwendet.

People **always buy** new things.

- Soll jedoch eine gewisse **Verärgerung, Verwunderung oder Belustigung** über eine Handlung oder einen Zustand ausgedrückt werden, kann ***always + progressive form*** verwendet werden.

People **are always buying** new things – I wish they'd be satisfied with what they've got.
Die Menschen kaufen dauernd neue Sachen – ich wünschte, sie wären mit dem zufrieden, was sie haben.

3.4 Simple past – Present perfect

3.4.1 Simple past

Im *simple past* werden Handlungen wiedergegeben, die in der **Vergangenheit begannen und in der Vergangenheit abgeschlossen** wurden. Das *simple past* ist die **typische Zeitform für Erzählungen und Berichte**.

Signalwörter: *yesterday, last week, last month, last year, in 1968* etc.

Towards the end of the 1920s the US economy **faced** a crisis.
Gegen Ende der 1920er-Jahre befand sich die amerikanische Wirtschaft in einer Krise.

The US industry **produced** more than it could sell.
Die amerikanische Industrie produzierte mehr, als sie verkaufen konnte.

3.4.2 Present perfect

Present perfect wird benutzt, um auszudrücken, dass eine **Handlung in der Vergangenheit begonnen hat** und einen **Bezug zur Gegenwart** besitzt. Das bedeutet:

1. Die **Wirkung bzw. das Ergebnis einer Handlung** soll betont werden,
   - besonders wenn die **Handlung erst kurz vorher abgeschlossen** wurde,

     "I can't believe it. I **have** just **bought** this car and now it's broken."
     „Ich kann es einfach nicht glauben. Ich habe das Auto gerade erst gekauft und schon ist es kaputt."

   - wenn **Dinge noch nicht geschehen sind**,
     Signalwörter: *not yet, never*

     Many people **have never bought** shares in their lives.
     Viele Menschen haben noch nie in ihrem Leben Aktien gekauft.

• in **Fragesätzen** mit *yet* und *ever*.	**Have** you **ever speculated** on the stock exchange? *Haben Sie jemals an der Börse spekuliert?*
2. Es soll ausgedrückt werden, dass der **Zustand bis in die Gegenwart andauert**. Signalwörter: *since, for, all year long* etc.	For years the American film industry **has contributed** greatly to the growth of the US economy. *Seit Jahren trägt die amerikanische Filmindustrie beträchtlich zum Wachstum der amerikanischen Wirtschaft bei.* (Deutsche Übersetzung: Präsens!)
Beachte: Hier kann sowohl die einfache Form als auch die Verlaufsform verwendet werden:	
• einfache Form	Since the introduction of tariffs on US goods the US industry **has sold** less abroad. *Seit der Einführung von Zöllen auf amerikanische Waren verkauft die amerikanische Industrie im Ausland weniger.*
• Verlaufsform (um die Dauer zu betonen)	Since the introduction of tariffs on US goods the US **has been selling** less abroad.

3.5 *since – for*

- ***since*** wird verwendet zur Bezeichnung eines **Zeitpunkts**, an dem eine Handlung begonnen hat.

Since the attacks on the World Trade Center everybody **has become** more aware of terrorist threats.
Seit den Angriffen auf das World Trade Center sind allen die Bedrohungen durch den Terrorismus bewusster geworden.

- ***for*** wird verwendet zur Bezeichnung eines **Zeitraums**, den eine Handlung bereits andauert.

For many years US forces and intelligence units **have tried** to track down terrorism suspects.
Seit vielen Jahren versuchen das amerikanische Militär und Geheimdiensteinheiten Terrorismusverdächtige aufzuspüren.

3.6 Future forms

Es gibt verschiedene Möglichkeiten, eine zukünftige Handlung auszudrücken. Welche Form letztendlich gewählt wird, hängt davon ab, welche Absicht hinter einer Aussage steckt.

- ***will-future***
  Es soll eine allgemeine **Voraussage** *(prediction)*, die unabhängig von eigenen Entscheidungen ist, getroffen werden.

Terrorism **will remain** one of the main problems in future years.
Der Terrorismus wird auch in künftigen Jahren eines der Hauptprobleme bleiben.

Auch ein **spontaner Entschluss** steht meist im *will-future.*

"I feel a little bit sad today." – "I **will stay** with you."
„Ich bin heute ein bisschen traurig." – „Ich bleibe bei dir."

- ***will-future progressive***
  Eine zu einem Zeitpunkt **in der Zukunft ablaufende Handlung** wird beschrieben.

  Häufige Signalwörter: *this time next week/year/month*

This time next week I **will be talking** to the heads of state to invite them to join our fight against terrorism.
Nächste Woche um diese Zeit werde ich mit den Staatsoberhäuptern reden, um ihnen anzubieten, sich an unserem Kampf gegen den Terrorismus zu beteiligen.

Das *will-future progressive* kann auch ausdrücken, dass von einer Handlung als **sicher oder selbstverständlich** ausgegangen wird.

No matter what will happen – we **will be defending** our freedom.
Was auch immer passiert, wir werden unsere Freiheit verteidigen.

- ***going-to-future***
  Das *going-to-future* drückt eine **Absicht** *(intention)* aus.

And all nations should know: We **are going** to defend freedom and all that is good and just in our world.
Und alle Völker sollten wissen: Wir werden die Freiheit verteidigen und alles, was gut und recht ist in unserer Welt.

Das *going-to-future* kann auch für **Schlussfolgerungen** verwendet werden, für die schon klare Anzeichen vorhanden sind.

If we believe current statistics, there **is going to be** a strong increase in violence.
Wenn wir aktuellen Statistiken glauben, werden gewalttätige Handlungen stark zunehmen.

- ***simple present***
  Simple present wird oft für **feststehende Termine** verwendet. *(timetable future)*

Government offices in Washington **reopen** Wednesday.
Die Regierungsämter in Washington sind ab Mittwoch wieder geöffnet.

- ***present progressive***
  Eine **Vereinbarung** *(arrangement)* wird – üblicherweise mit eindeutiger Zeitangabe – mitgeteilt.

The US and the German government **are resuming** talks in Washington tomorrow.
Die amerikanische und die deutsche Regierung nehmen ihre Gespräche in Washington morgen wieder auf.

Das Passiv • The Passive

Das Passiv wird verwendet:

- wenn der Urheber/die Urheberin einer Handlung unbekannt ist.
- wenn eine Handlung und nicht die handelnden Personen betont werden sollen. Die handelnden Personen werden gegebenenfalls mit der Präposition *by* angeschlossen (***by-agent***).

1 Form und Bildung

1.1 Einfache Form

Die einfache Form des Passivs wird gebildet durch:
to be + past participle
(Form von *to be* drückt Zeitstufe aus)

The Treaty of Maastricht **was signed** in 1992.
Der Vertrag von Maastricht wurde 1992 unterzeichnet.

Tense	Active	Passive
Simple present	Two new member countries **sign** the treaty.	The treaty **is signed** by two new member countries.
Simple past	Two new member countries **signed** the treaty yesterday.	The treaty **was signed** by two new member countries yesterday.
Simple present perfect	Two new member countries **have signed** the treaty already.	The treaty **has** already **been signed** by two new member countries.
Simple past perfect	Two new member countries **had signed** the treaty before.	The treaty **had been signed** by two new member countries before.
Future I/ Will-future	Two new member countries **will sign** the treaty next month.	The treaty **will be signed** by two new member countries next month.
Future II/ Future perfect	Two new member countries **will have signed** the treaty before long.	The treaty **will have been signed** by two new member countries before long.

Conditional	Two new member countries **would sign** the treaty …	The treaty **would be signed** by two new member countries …
Conditional II/ Conditional perfect	Two new member countries **would have signed** the treaty …	The treaty **would have been signed** …

1.2 Verlaufsform

Die Verlaufsform des Passivs wird gebildet aus:
to be + being + past participle
Hier gibt es nur die Formen *present progressive* und *past progressive.*

At present consequences of the economic crisis are **being discussed**.
Im Augenblick wird über die Folgen der Finanzkrise diskutiert.

Tense	Active	Passive
Present	The EU countries **are discussing** measures to avoid another financial crisis. *Die EU-Staaten diskutieren Maßnahmen, um eine neue Finanzkrise zu verhindern.*	Measures to avoid another financial crisis **are being discussed**.
Past	At the last summit EU members **were discussing** measures to avoid another financial crisis.	At the last summit measures to avoid another financial crisis **were being discussed** by EU members.

2 Besonderheiten

2.1 Passivsätze bei Verben mit direktem Objekt

Das **direkte Objekt des Aktivsatzes** kann zum **Subjekt des Passivsatzes** werden.

	Subject	Verb	direct Object	Agent
Active	Some EU member states	introduced	**the euro.**	

Einige EU-Mitgliedsstaaten führten den Euro ein.

Passive	**The euro**	was introduced		by some EU member states.

Einige Verben, die im Deutschen ein Dativobjekt zu sich nehmen, werden im Englischen mit direktem Objekt gebraucht. Sie können dann ein Passiv bilden, zu dem es im Deutschen keine Entsprechung gibt.

	Subject	Verb	direct Object
Active	Croatia	joined	**the EU** in July 2013.

Kroatien trat der EU im Juli 2013 bei.

	Subject	Predicate	Agent
Passive	**The EU**	was joined	by Croatia in July 2013.

U. a. folgende Verben werden im Englischen mit direktem Objekt gebraucht:

approach = *sich nähern*
believe = *glauben*
follow = *folgen*
help = *helfen*
join = *beitreten*
meet = *begegnen*
obey = *gehorchen*
remember = *sich erinnern*
resist = *widerstehen*
thank = *danken*
trust = *vertrauen*

2.2 Passivsätze bei Verben mit zwei Objekten (mit direktem und indirektem Objekt)

Bei Verben mit zwei Objekten (besonders bei Verben wie *give, hand, offer, send, show*) kann **jedes dieser beiden Objekte zum Subjekt des Passivsatzes** werden. **Bevorzugt** wird eine Passivbildung mit dem **indirekten Personalobjekt** des Aktivsatzes (= Variante 1), das sogenannte „persönliche Passiv". Dieses kann im Deutschen nicht wörtlich nachgebildet werden. Stattdessen kann man sich mit einer „man"-Konstruktion behelfen oder muss im Deutschen die Variante 2 wählen, in der das indirekte Objekt Objekt bleibt und das direkte Objekt zum Subjekt wird.
Bei der weniger geläufigen Variante 2 wird das **direkte Objekt** zum **Subjekt** des Passivsatzes. Das **indirekte Objekt** (‚wem?') wird in diesem Fall mit der Präposition **to** angeschlossen.

	Subject	Verb	indirect Obj.	direct Obj.
Active	The EU	offers	**young people**	**various exchange programmes**.

Die EU bietet jungen Menschen verschiedene Austauschprogramme.

Passive	Subject	Verb	direct/indirect Obj.	Agent
Variante 1	**Young people**	are offered	various exchange programmes	by the EU.
Variante 2	**Various exchange programmes**	are offered	**to** young people	by the EU.

2.3 Passivsätze bei Verben mit präpositionalem Objekt

Die feste Bindung zwischen **Verb und Präposition** bleibt auch im Passiv erhalten. Auch hierfür gibt es keine wörtliche deutsche Entsprechung.

	Subject	Verb	Obj.	Agent
Active	Eleven member states	**agreed on**	the introduction of a single currency.	

Elf Mitgliedsstaaten einigten sich auf die Einführung einer gemeinsamen Währung.

Passive	The introduction of a single currency	**was agreed on**		by eleven member states.

U. a. diese Verben bilden eine Bedeutungseinheit mit einer Präposition (*prepositional verbs*):

agree on = *sich einigen auf*
ask for = *bitten um*
complain of/about = *sich beklagen über*
deal with = *behandeln*
dream of = *träumen von*
hear about/of = *hören von*
laugh at = *lachen über*
listen to = *zuhören*
look after = *sorgen für*
look at = *anschauen*
pay for = *zahlen für*
rely on = *sich verlassen auf*
send for = *schicken nach*
speak about/of = *sprechen von*
speak to = *sprechen mit*
talk about/of = *sprechen von*
think about/of = *denken an*
take care of = *sorgen für*

Auch einige *prepositional verbs* können Sie mithilfe der **MindCards** (s. QR-Code) im Satzzusammenhang trainieren.

2.4 Passivsätze bei Verben des Sagens o. Ä.

Wenn mit Verben wie *think, consider, know, acknowledge, believe, understand, find, claim, report, say* ein *that*-Satz eingeleitet wird, kann auch ein Passivsatz gebildet werden, wenn es nicht wichtig ist, wer etwas sagt/denkt/glaubt. Das **Subjekt des Passivsatzes** ist dann das ursprüngliche **Subjekt des *that*-Satzes**. Nach dem Verb des Sagens im Passiv folgt der Infinitiv. Eine weitere Möglichkeit ist die Einleitung des Passivsatzes durch das Wort ***it***. Der *that*-Satz bleibt dann erhalten.

Active	Passive
We believe that the euro **brings** people in Europe closer together.	The euro **is believed to bring** people in Europe closer together. *Man glaubt, dass der Euro die Menschen in Europa einander näherbringt.* **It is believed that** the euro brings people in Europe closer together.

Für die deutsche Übersetzung bieten sich folgende Möglichkeiten an:

- „Man sagt/denkt/glaubt …“ (s. Bsp. oben)
- „sollen“: Der Euro soll die Menschen in Europa einander näherbringen.
- „angeblich, bekanntlich, vermutlich“: Angeblich bringt der Euro die Menschen in Europa einander näher.

Der Infinitiv • The Infinitive

1 Form und Bildung

Wir unterscheiden folgende Formen des Infinitivs:

1.1 Aktiv

Infinitiv Präsens Aktiv *(present active infinitive)*	to seek
Infinitiv Perfekt Aktiv *(perfect active infinitive)*	to have sought
Verlaufsform des Infinitivs *(progressive infinitive)*	to be seeking
Verlaufsform des Infinitivs Perfekt *(perfect progressive infinitive)*	to have been seeking

1.2 Passiv

Infinitiv Präsens Passiv *(present passive infinitive)*	to be sought
Infinitiv Perfekt Passiv *(perfect passive infinitive)*	to have been sought

2 Verwendung

Der Infinitiv hat im Satz folgende Hauptfunktionen:

- Infinitiv als **Subjekt** des Satzes (in eher informellem Stil wird hier allerdings eine Auslagerung mit ***it*** bevorzugt: **It** was the aim of British seafarers … **to explore** … and **to found** …)

To explore unknown territories and **to found** new colonies was the main aim of British seafarers in the 17th century.
Unbekannte Gebiete zu erforschen und neue Kolonien zu gründen war das hauptsächliche Ziel der britischen Seefahrer im 17. Jahrhundert.

- Infinitiv als **Objekt** [s. unter 3.1.1 Infinitiv nach bestimmten Verben]

- Infinitiv als **adverbiale Bestimmung**

Britain needed ports all over the world **to protect** her merchant ships.
Großbritannien benötigte Häfen in der ganzen Welt, um seine Handelsschiffe zu schützen.

3 Besonderheiten

3.1 Infinitiv mit *to*

3.1.1 Infinitiv mit *to* nach Substantiven, Verben, Adjektiven und Zahlenangaben

Der Infinitiv mit to steht nach:

- **Substantiven, die einen Plan oder eine Aufforderung ausdrücken** (*advice, attempt, plan, wish* etc.)

The North American colonies made an **attempt to gain** their independence from Britain.
Die nordamerikanischen Kolonien machten einen Versuch, ihre Unabhängigkeit von Großbritannien zu erlangen.

• **Verben, die einen Wunsch** oder **eine Absicht ausdrücken** *(expect, want, would like)*	The British commander, Lord Charles Cornwallis, **wanted to end** the conflict as quickly as possible. *Der britische Oberbefehlshaber, Lord Cornwallis, wollte die Auseinandersetzung so schnell wie möglich beenden.*
• **Adjektiven**, die **als Teil des Prädikats** gebraucht werden *(certain, difficult, hard, ready* etc.)	George Washington's soldiers were **ready to strike** as soon as they faced the British troops. *George Washingtons Soldaten waren bereit, ihren Angriff zu starten, sobald sie den britischen Truppen gegenüberstanden.*
• **Ordnungszahlen** und **Superlativen** *(the first, the last, the best, the only one)* Hier liegt ein verkürzter Relativsatz vor [vgl. 3.1.2].	The United States was **the first** country **to incorporate** the ideas of the age of Enlightenment into the constitution. *Die Vereinigten Staaten waren das erste Land, das die Ideen der Aufklärung in seine Verfassung einbaute.*

3.1.2 Infinitiv mit *to* anstelle von Gliedsätzen

Der Infinitiv mit *to* steht anstelle	
• eines Relativsatzes [s. oben],	The United States was the first country **to incorporate** the ideas of the age of Enlightenment into the constitution. *Die Vereinigten Staaten waren das erste Land, das die Ideen der Aufklärung in seine Verfassung einbaute.*
• eines indirekten Fragesatzes.	George Washington wondered where **to confront** the British. *George Washington war nicht sicher, wo er den Briten entgegentreten sollte.*

3.2 Infinitiv ohne *to*

Der Infinitiv ohne *to* steht nach:

- **modalen Hilfsverben**
  (can, could, may, might, shall, should, will, would, must)

Today tourists **can visit** George Washington's home at Mount Vernon, 16 miles south of Washington D.C.
Heute können Reisende George Washingtons Haus in Mount Vernon, 16 Meilen südlich von Washington D.C., besuchen.

Visitors **may purchase** tickets in person at the main gate or in advance via telephone or the Internet.
*Besucher*innen können ihre Eintrittskarten persönlich am Haupteingang oder im Vorverkauf per Telefon oder im Internet kaufen.*

- **Verben der sinnlichen Wahrnehmung**
  (*to see, to watch, to hear* etc.), um eine Handlung in ihrer Gesamtheit zu betonen.

Every day you can **see** whole busloads of tourists **arrive** at George Washington's Mount Vernon estate and **start** a tour of the grounds.
Jeden Tag kann man sehen, dass ganze Busladungen von Reisenden auf dem Gut George Washingtons in Mount Vernon ankommen und eine Besichtigungstour beginnen.

Wenn man den **Verlauf einer Handlung besonders betonen** möchte, kann man auch das **Partizip Präsens** (*ing*-Form) verwenden.
[siehe S. 74]

You can **watch** them **walking** through the mansion which was Washington's home for 45 years.
Man kann beobachten, wie sie durch das herrschaftliche Wohnhaus gehen, in dem Washington 45 Jahre lang wohnte.

- **Verben des Veranlassens** und **Zulassens** *(to make, to let)*

The tour finishes at the gift shop to **make** people **buy** souvenirs, books, DVDs etc.
Die Führung endet im Geschenkartikelladen, um die Menschen dazu zu bringen, Souvenirs, Bücher, DVDs etc. zu kaufen.

On special occasions the Mount Vernon organisation **lets** boy scouts and girl scouts in uniform **enter** the estate without having to pay.
Zu besonderen Anlässen lässt die Mount Vernon Organisation Pfadfinder und Pfadfinderinnen in Uniform kostenlos auf das Gelände.

3.3 Deutsches ‚lassen'

Das deutsche Wort ‚lassen' kann zwei Bedeutungen haben:
- Der Generalsekretär des Commonwealth lässt die Mitgliedsstaaten ihren eigenen Weg gehen. (= ‚zulassen', ‚erlauben')
- Der Generalsekretär des Commonwealth lässt Expertinnen und Experten Trainingskurse und Workshops in einigen Mitgliedsstaaten durchführen. (= ‚dazu bewegen'; ‚veranlassen, dass die Kurse durchgeführt werden')

Die beiden unterschiedlichen Bedeutungen werden im Englischen durch verschiedenartige Konstruktionen wiedergegeben.

1. **‚zulassen'**
   let + Objekt + Infinitiv ohne *to* (= ‚jdm. erlauben, etwas zu tun'; ‚zulassen, dass etwas geschieht')

Democratic governments **let** the voters **decide** about the future politics of their country in free elections.
*Demokratische Regierungen **lassen** die Wähler*innen in freien Wahlen über die zukünftige Politik ihres Landes **entscheiden**.*

2. ‚**veranlassen**‘:

- *make/have* + Objekt + Infinitiv ohne *to* (= ‚jdn. dazu bewegen oder zwingen, etwas zu tun‘; ‚veranlassen, dass etwas geschieht‘)

The Commonwealth countries **make** states which do not respect human rights **leave** the association.
Die Commonwealthländer ***bewegen*** *Mitgliedsstaaten, die die Menschenrechte nicht achten,* ***dazu****, die Vereinigung* ***zu verlassen****.*

In the near future the Commonwealth Secretariat **will have** member states **launch** a campaign to make people more aware of HIV/ AIDS.
Demnächst ***wird*** *die Geschäftsstelle des Commonwealth die Mitgliedsstaaten dazu* ***auffordern****, Kampagnen* ***zu starten****, um die Menschen über HIV und AIDS aufzuklären.*

- *have/get* + Objekt + *past participle*

The Secretariat **had** a report **published** to inform about the state of the rainforests.
Die Geschäftsstelle ***ließ*** *einen Bericht* ***veröffentlichen****, der über den Zustand der Regenwälder informiert.*

Beachte: *get* wird hauptsächlich in der Umgangssprache verwendet.

If you wish to read the latest study on the rainforests, write to the staff of the Commonwealth Secretariat. They will **get** it **sent** to you.
Wenn du die neueste Studie über die Regenwälder lesen möchtest, schreibe an die Geschäftsstelle des Commonwealth. Sie ***werden*** *sie dir* ***zukommen lassen****.*

3.4 Infinitiv-Konstruktionen mit eigenem Sinnsubjekt

3.4.1 Objekt + Infinitiv-Konstruktion

Direktes Objekt + Infinitiv
Auf ein direktes Objekt folgt eine Infinitivkonstruktion *(I expect him to do sth.)*. Das direkte Objekt ist sinngemäß das Subjekt des Infinitivsatzes *(He does sth.)*.

The Commonwealth countries **expect all members to respect** democratic principles.
Die Commonwealthländer erwarten, dass alle Mitgliedsstaaten demokratische Grundsätze beachten.

3.4.2 *for* + Infinitiv

for + Nomen/Pronomen + Infinitiv

Das Nomen/Pronomen ist sinngemäß das Subjekt des Infinitivsatzes *(The Commonwealth countries welcomed back …)*.

Beachte:
Als deutsche Übersetzung bietet sich ein dass-Satz an.

It was clear **for the Commonwealth countries to welcome back** the new South Africa after the end of apartheid policy.
Es war klar, dass die Commonwealthländer das neue Südafrika nach dem Ende der Apartheidpolitik wieder in ihre Gemeinschaft aufnehmen würden.

3.5 *with* + Infinitiv

- Die Konstruktion *with* + Infinitiv wird häufig verwendet, um die Begleitumstände oder Gründe für eine Situation mitzuteilen. Deutsche Übersetzung: meist Adverbialsatz (‚da', ‚weil')
- Auch die Konstruktion *with* + Infinitiv kann **ein eigenes Sinnsubjekt** haben.

With so many problems **to solve** developing countries face an uncertain future.
Da die Entwicklungsländer so viele Probleme lösen müssen, stehen sie vor einer ungewissen Zukunft.

With other member states **to support** them, some Commonwealth countries face a brighter future.
Da andere Mitgliedsstaaten sie unterstützen, blicken einige Commonwealthländer einer besseren Zukunft entgegen.

Das „Gerund“ • The Gerund

1 Form und Bildung

Der Begriff *gerund* stammt vom lateinischen „Gerundium“. Man bezeichnet damit ein Verb, das als Substantiv verwendet wird. Wie im Deutschen wird dieses „Verbalsubstantiv“ auch im Englischen vom Infinitiv abgeleitet.

Infinitiv + *-ing*	More and more people in poorer countries are concerned about **protecting** the environment. *Immer mehr Menschen in ärmeren Ländern kümmern sich darum, die Umwelt zu schützen.*

[Für Sonderfälle in der Schreibung der *-ing*-Form, vergleiche S. 40]

2 Verwendung

2.1 Funktionen des *gerund* im Satz

1. Das *gerund* als **Subjekt** eines Satzes.	**Reducing** the emission of toxic gases has become a priority. *Den Ausstoß giftiger Gase zu verringern ist vorrangig geworden.*
Es steht z. B. nach: • ***there is no*** = ‚es lässt sich nicht‘,	**There is no denying** that global mean surface temperatures have increased. *Es lässt sich nicht leugnen, dass sich die Durchschnittstemperaturen auf der Erde erhöht haben.*
• ***it's no use/no good*** = ‚es hat keinen Zweck‘,	**It's no use trying** to bury our heads in the ground and forget about the problem. *Es hat keinen Zweck, unsere Köpfe in den Sand zu stecken und das Problem zu vergessen.*

• ***it's (not) worth while*** = ,es lohnt sich (nicht)'.	It's **worth while caring** for the protection of our environment. *Es lohnt sich, sich für den Schutz unserer Umwelt einzusetzen.*
2. Das *gerund* als Teil des ***predicative complement***, z. B. nach *to be* + *busy, like, near, worth.*	The Environment Protection Agency is **busy working** out the costs of air pollution. *Die Umweltschutzbehörde ist dabei, die Kosten der Luftverschmutzung auszurechnen.*
3. Das *gerund* als **Objekt** (siehe auch Liste der Verben S. 68).	The commission **suggests reducing** the levels of greenhouse gases, like carbon dioxide (CO_2). *Die Kommission schlägt vor, den Ausstoß von Treibhausgasen wie Kohlendioxid (CO_2) zu verringern.*

2.2 Das *gerund* nach Präpositionen

2.2.1 Adjektiv + Präposition + *gerund*

to be afraid of = *Angst haben vor* to be ashamed of = *sich für etw. schämen* to be clever at = *geschickt sein in* to be crazy about = *verrückt sein nach* to be famous for = *berühmt sein für* to be fond of = *begeistert sein von* to be good/bad at = *etw. gut/schlecht können*	
to be interested in = *interessiert sein an* to be keen on = *etw. gerne tun* to be proud of = *stolz sein auf* to be sick of = *genug haben von* to be sorry about = *bedauern, dass* to be worried about = *sich sorgen um*	Scientists are **interested in finding out** more about the impacts of global warming. *Die Wissenschaftler*innen sind daran interessiert, mehr über die Konsequenzen der Erderwärmung herauszufinden.*

2.2.2 Nomen + Präposition + *gerund*

chance of = *Chance, Aussicht (zu)*
danger of = *Gefahr (zu)*
difficulty in = *Schwierigkeiten (zu)*
hope of = *Hoffnung (auf/zu)*
idea of = *Vorstellung (zu)*
possibility of/for = *Möglichkeit (zu)*
reason for = *Grund für*
trouble (in) = *Schwierigkeiten (zu)*
way of = *Art und Weise (zu)*

Scientists have **difficulty in predicting** how fast global warming will occur.
*Die Wissenschaftler*innen haben Schwierigkeiten vorauszusagen, wie schnell sich die Erde erwärmen wird.*

2.2.3 Verb + Präposition + *gerund*

to agree with = *einverstanden sein mit*
to apologise for = *sich entschuldigen für*
to believe in = *glauben an*
to complain of/about = *sich beklagen über*
to consist of = *bestehen aus*
to dream of = *träumen von*
to insist on = *auf etw. bestehen*
to look forward to = *sich freuen auf*
to rely on = *sich verlassen auf*
to succeed in = *Erfolg haben, erfolgreich sein in*
to talk of/about = *reden von/sprechen über*
to worry about = *sich Sorgen machen*

Environmentalists **complain about** our **interfering** with the earth's climate.
*Umweltschützer*innen klagen darüber, dass wir das Klima der Erde negativ beeinflussen.*

The participants at the world summit **succeeded in signing** an agreement to support cleaner fossil fuel technologies.
Den Teilnehmenden am Weltgipfel gelang es, ein Abkommen zu unterzeichnen, in dem sie die Entwicklung sauberer Brennstofftechniken unterstützen.

3 Besonderheiten

3.1 *gerund* nach bestimmten Verben

to admit (to) = *zugeben*
to anticipate = *vorwegnehmen, voraussehen*
to avoid = *vermeiden*
to consider = *erwägen*
to defer = *verschieben*
to delay (in) = *verschieben, verzögern*
to deny = *leugnen*
to detest = *verabscheuen*
to dread = *fürchten*
to enjoy = *genießen*
to excuse (for) = *entschuldigen*
to fancy = *Gefallen finden an*
to finish = *beenden*
to forgive = *verzeihen*
to imagine = *sich vorstellen*
to involve = *umfassen, mit sich bringen*
to keep = *fortfahren, weitermachen*
to mind = *etw. haben gegen*
to miss = *vermissen*
to pardon = *verzeihen*
to postpone = *verschieben*
to prevent = *(ver-)hindern*
to recollect = *sich erinnern an*
to resent = *übel nehmen*
to resist = *widerstehen*
to risk = *wagen*
to suggest = *vorschlagen*

We should **avoid emitting** hazardous substances into the atmosphere.
Wir sollten es vermeiden, gefährliche Substanzen in die Atmosphäre freizusetzen.

Environmentally-aware people **enjoy driving** an electric vehicle because it has a clean engine.
Umweltbewusste Menschen fahren gerne ein Elektroauto, weil es einen sauberen Motor hat.

My father **suggested buying** a more fuel-efficient car.
Mein Vater schlug vor, ein Auto zu kaufen, das weniger Kraftstoff braucht.

3.2 *gerund* und Infinitiv mit unterschiedlicher Bedeutung

Einige Verben ändern ihre Bedeutung, je nachdem, ob nach ihnen das *gerund* oder der Infinitiv steht.

to forget

gerund	Infinitiv
I shall not **forget filling up** with super instead of diesel. *Ich werde nicht vergessen, wie ich einmal Super statt Diesel tankte.* = in der Vergangenheit, früher einmal	I shall not **forget to fill up** with diesel. *Ich werde nicht vergessen, Diesel zu tanken.* = in Zukunft

to like, to hate, to prefer

gerund	Infinitiv
I **hate cleaning** my car. *Ich putze mein Auto überhaupt nicht gern.* = im Allgemeinen, regelmäßig	I'd **hate to clean** my car today. *Ich möchte mein Auto heute nicht putzen.* = einmal, Einzelfall

to regret

gerund	Infinitiv
I **regret telling** you that it was not me who bumped into your car. I lied to you. I'm sorry. *Es tut mir leid, dass ich dir gesagt habe, dass nicht ich dein Auto beschädigt habe. Ich habe dich angelogen. Tut mir leid.* = früher	I **regret to tell** you that I have bumped into your car. *Es tut mir leid, dir mitteilen zu müssen, dass ich dein Auto beschädigt habe.* = jetzt

to remember

gerund	Infinitiv
I **remember filling up** with petrol before driving on to the motorway. *Ich erinnere mich, dass ich getankt habe, bevor ich auf die Autobahn fuhr.* = in der Vergangenheit	I must **remember to fill up** with petrol before driving on to the motorway. *Ich muss daran denken zu tanken, bevor ich auf die Autobahn fahre.* = in Zukunft

to stop

gerund	Infinitiv
I **stopped having** my car washed. (I do it myself now to save money.) *Ich habe aufgehört, mein Auto waschen zu lassen.* = ‚mit etwas aufhören', ‚etwas aufgeben'	I **stopped to have** my car washed. (After a long drive I stopped at a garage and told the attendant to wash my car.) *Ich hielt an, um mein Auto waschen zu lassen.* = ‚mit etwas aufhören, um etwas anderes zu tun'

to try

gerund	Infinitiv
I shan't **try changing** my style of driving just to save a few pennies on petrol. *Ich werde nicht versuchen, meinen Fahrstil zu ändern, nur um ein paar Cent zu sparen.* = ‚einen Test machen', ‚etwas ausprobieren'	I'll **try to change** my style of driving in order to save money on petrol. *Ich werde versuchen, meinen Fahrstil zu ändern, um Benzingeld zu sparen.* = ‚eine ernsthafte Anstrengung unternehmen', ‚sich anstrengen'

3.3 Das *gerund* mit einem eigenen Subjekt

Das **Subjekt** des Satzes und das Sinnsubjekt des *gerund* sind **identisch**.	**The industrialised countries** insist on **reducing** air pollution. *Die **Industriestaaten** bestehen darauf, die Luftverschmutzung **zu verringern**.* = ein Subjekt
Aber: • Wenn das **Subjekt des Satzes** nicht auch Sinnsubjekt des *gerund* ist, muss es **gesondert genannt** werden.	The **industrialised countries** insist on **the developing countries reducing** air pollution. ***Die Industriestaaten** bestehen darauf, dass **die Entwicklungsländer** die Luftverschmutzung **verringern**.* = zwei verschiedene Subjekte

- Das **zweite Subjekt** wird **vor dem *gerund*** genannt.

Mother insists on **father buying** a more economical car.
Mutter besteht darauf, dass ***Vater*** *ein sparsameres Auto* ***kauft****.*

- Handelt es sich beim Sinnsubjekt des *gerund* um ein **Pronomen**, so wird es in der **Objektform** oder in Form des **Possessivbegleiters** wiedergegeben.

Mother insists on **his/him buying** a more economical car.
Mutter besteht darauf, dass ***er*** *ein sparsameres Auto kauft.*

3.4 Das *gerund* anstelle eines Adverbialsatzes

Mit dem *gerund* kann man einen **Adverbialsatz der Zeit verkürzen**.

Adverbialsatz	Konstruktion aus Präp. + *gerund*
When the President **arrived** at the world summit he explained his country's measures against global warming. *Als der Präsident auf dem Weltgipfel eintraf, erläuterte er die Maßnahmen seines Landes gegen die Erderwärmung.*	**On arriving** at the world summit the President explained his country's measures against global warming.

Auf die gleiche Weise kann man auch einen **Adverbialsatz des Grundes verkürzen**.

Adverbialsatz	Konstruktion aus Präp. + *gerund*
As the chain store **eliminated** a lot of unnecessary packaging, it contributed greatly to waste reduction. *Da die Handelskette viele unnötige Verpackungen abschaffte, leistete sie einen großen Beitrag zur Abfallvermeidung.*	**By eliminating** a lot of unnecessary packaging, the chain store contributed greatly to waste reduction.

Partizipien • Participles

Wir unterscheiden zwei Arten von Partizipien:
- Partizip Präsens *(present participle)*
- Partizip Perfekt *(past participle)*

1 Partizip Präsens

1.1 Form und Bildung

Infinitiv + *-ing*

The number of job offers for software developers is **increasing**.
*Die Zahl der Stellenangebote für Programmierer*innen nimmt zu.*

[Für Sonderfälle in der Schreibung der *-ing*-Form, vergleiche S. 40]

1.2 Verwendung

Das Partizip Präsens wird verwendet:

- zur Bildung der **Verlaufsform** (*to be* + Partizip Präsens)

I wonder if jobs will be **increasing** in other professions too.
Ich frage mich, ob auch in anderen Branchen mehr Arbeitsplätze entstehen.

- in der Funktion **eines Adjektivs**, das ein Nomen näher bestimmt

I've read numerous headlines about **disappearing** start-ups.
Ich habe zahlreiche Schlagzeilen über verschwindende junge Unternehmen gelesen.

- **anstelle eines Relativsatzes im Aktiv** [siehe S. 76]

Students **leaving** university next year will find it easy to get a job in the big IT companies.
Studierende, die nächstes Jahr die Universität verlassen, werden es leicht haben, einen Arbeitsplatz bei den großen IT-Firmen zu finden.

- zur **Verkürzung** eines **Adverbialsatzes** (hier: der Zeit) [siehe S. 77]

Realising that he wouldn't find a job straight away, Ralph went on an IT training course to extend his skill range.
Als Ralph bemerkte, dass er nicht sofort Arbeit finden würde, besuchte er einen IT-Trainingskurs, um seine Fertigkeiten zu erweitern.

- um **mehrere Hauptsätze** zu verknüpfen

Paying close attention to all the details the job seekers told her, the careers adviser managed to find the right training for everyone.
Die Berufsberaterin achtete genau auf die kleinen Details, die die Arbeitsuchenden ihr erzählten. So gelang es ihr, für alle die richtige Ausbildung zu finden.

- nach **Verben der sinnlichen Wahrnehmung** (*to see, to hear* etc.) [siehe S. 60]

The careers adviser listened carefully to the job seeker **talking** about her experiences.
Der Berufsberater hörte aufmerksam zu, wie die Arbeitsuchende über ihre Erfahrungen berichtete.

2 Partizip Perfekt

2.1 Form und Bildung

Infinitiv + *-ed*, *-d* bzw. 3. Form der unregelmäßigen Verben

The number of vacancies **offered** by pharmaceutical firms is on the rise.
Die Zahl der freien Stellen, die von Pharmafirmen angeboten werden, nimmt zu.

2.2 Verwendung

Das Partizip Perfekt wird verwendet:

• zur Bildung von **Perfektformen** (*have* + Partizip Perfekt)	I don't know how many letters of application I have **sent** during the last months. *Ich weiß nicht, wie viele Bewerbungsschreiben ich in den letzten Monaten abgeschickt habe.*
• zur Bildung von **Passivformen** (*to be* + Partizip Perfekt)	Sometimes I was not even **invited** for a job interview. *Manchmal wurde ich nicht einmal zu einem Vorstellungsgespräch eingeladen.*
• zur Verbindung zweier **Hauptsätze**	**Impressed** by a positive interview, some employers even tend to overlook minor faults in letters of application. *Ein positiv verlaufendes Vorstellungsgespräch beeindruckt viele Arbeitgeber*innen. Dann neigen sie sogar dazu, über kleinere Fehler im Bewerbungsschreiben hinwegzusehen.*
• **anstelle eines Relativsatzes im Passiv** [siehe S. 76]	The enormous progress **made** in biotechnology has created better chances for a career in science. *Der ungeheure Fortschritt, der in der Biotechnik gemacht wird, hat die Chancen auf eine Laufbahn in den Naturwissenschaften verbessert.*
• zur **Verkürzung** eines **Adverbialsatzes** [siehe S. 77]	**Asked** for his opinion by a scientific journal for the tenth time, Ray decided to work as a freelance journalist. *Als Ray zum zehnten Mal von einem Wissenschaftsmagazin nach seiner Meinung gefragt wurde, beschloss er, als freier Journalist zu arbeiten.*

• zur **Bildung des deutschen ‚lassen'** (*have* + Objekt + Partizip) [siehe S. 62]	Before sending it off, have your application **checked** by a competent person. *Bevor du deine Bewerbung abschickst, lasse sie von jemandem überprüfen, der oder die sich damit auskennt.*

3 Besonderheiten

3.1 Satzverkürzung

Das Partizip wird häufig zur Verkürzung von Sätzen verwendet. Die Satzverkürzung ist für das schriftliche Englisch besonders charakteristisch. Man spricht von *syntactic compression*. Verkürzt werden neben zwei Hauptsätzen auch:

3.1.1 Relativsätze

Aktivsätze werden mit dem **Partizip Präsens** verkürzt.

long version	shortened version
The image of scientists as people **who work** alone in dimly lit laboratories is a long way from the truth. *Das Bild von Wissenschaftlern / Wissenschaftlerinnen als Menschen, die allein in trübe beleuchteten Laboren arbeiten, ist weit von der Wirklichkeit entfernt.*	The image of scientists as people **working** alone in dimly lit laboratories is a long way from the truth.

Passivsätze werden mit dem **Partizip Perfekt** verkürzt.

long version	shortened version
The starting salaries **which are paid** to high quality graduates are often amazingly good. *Die Anfangsgehälter, die Personen mit erstklassigem Hochschulabschluss bezahlt werden, sind oft erstaunlich gut.*	The starting salaries **paid** to high quality graduates are often amazingly good.

3.1.2 Adverbialsätze (meist Temporal- oder Kausalsätze)

Adverbiale Nebensätze können mit einer **Partizipialkonstruktion** verkürzt werden.

long version	shortened version
As Janet Hines **wished** to obtain more information about the career of army officer, she visited the website www.armyofficer.co.uk. *Da Janet Hines mehr über die Berufslaufbahn einer Offizierin wissen wollte, besuchte sie die Webseite www.armyofficer.co.uk.* [manchmal sind beide Übersetzungen möglich: ***da – als***]	**Wishing** to obtain more information about the career of army officer Janet Hines visited the website www.armyofficer.co.uk.

3.1.3 Temporalsätze: Vorzeitigkeit – Gleichzeitigkeit

Wenn man einen temporalen Adverbialsatz verkürzt, muss man besonders auf das Zeitverhältnis achten, in dem die Handlung des Gliedsatzes zur Handlung des Hauptsatzes steht. Beachte jedoch, dass das *past participle* entgegen der häufigen Meinung nicht automatisch Vorzeitigkeit ausdrückt (Bsp.: ***Pulled*** *by several horses, the post coach used to be one of the fastest means of transport in former times.*) Um Vorzeitigkeit auszudrücken, braucht man stattdessen meist die Perfektform des *present participle* [vgl. S. 78].

Will man ausdrücken, dass zwei Handlungen **gleichzeitig** verlaufen, wird das **Partizip Präsens** verwendet.

long version	shortened version
As Rashad Aziz **studied** the vacancies in *The Times*, he wrote down a few addresses of potential employers. *Während Rashad Aziz die Stellenanzeigen in der* Times *studierte, notierte er ein paar Adressen möglicher Arbeitgeber*innen.*	**Studying** the vacancies in *The Times*, Rashad Aziz wrote down a few addresses of potential employers. **oder** (mit einer Konjunktion + Partizip): **While studying** the vacancies in *The Times*, Rashad Aziz wrote down a few addresses of potential employers.

Will man ausdrücken, dass eine Handlung **zeitlich vor** einer zweiten liegt (d. h. dass sie vor der anderen abgeschlossen wurde), wird die **Perfektform des *present participle*** verwendet: ***having* + Partizip Perfekt**

long version	shortened version
After Rashad Aziz **had studied** the vacancies in *The Times*, he wrote a letter of application to five different firms. *Nachdem Rashad Aziz die Stellenanzeigen in der* Times *studiert hatte, schrieb er eine Bewerbung an fünf verschiedene Firmen.*	**Having studied** the vacancies in *The Times*, Rashad Aziz wrote a letter of application to five different firms. **oder** (mit einer Konjunktion + Partizip): **After studying** the vacancies in *The Times*, Rashad Aziz wrote a letter of application to five different firms. Da die Konjunktion ***after*** die **Vorzeitigkeit** bereits ausdrückt, reicht hier das *present participle.*

3.2 Fehlerquelle: *Misrelated Participles*

Wenn man Sätze durch eine Partizipialkonstruktion verkürzen will, muss man darauf achten, dass das Subjekt des Partizipialsatzes mit dem Subjekt des Hauptsatzes übereinstimmt.

Die Partizipialkonstruktion muss sich auf das Subjekt des Satzes beziehen.

long version	shortened version
When Richard arrived for his job interview at Balfour Construction Ltd., **he** noticed that he wasn't the only applicant. *Als Richard zum Bewerbungsgespräch bei Balfour Construction Ltd. eintraf, bemerkte er, dass er nicht der einzige Bewerber war.*	**Arriving** for his job interview at Balfour Construction Ltd., **Richard** noticed that he wasn't the only applicant.

Aber: Im folgenden Beispielsatz haben wir zwei verschiedene Subjekte.

long version	shortened version
	Eine **falsche** Satzverkürzung ergäbe:
When **Richard** arrived at Balfour Construction Ltd., **fifteen applicants** were already waiting to be interviewed. *Als Richard bei Balfour Construction Ltd. eintraf, warteten bereits fünfzehn Kandidatinnen und Kandidaten auf das Bewerbungsgespräch.*	~~Arriving at Balfour Construction Ltd. fifteen applicants were already waiting to be interviewed.~~

In der **nicht** korrekten Satzverkürzung ist nur noch ein Subjekt vorhanden: *fifteen applicants*. Das Subjekt Richard ist verloren gegangen. Die Partizipialkonstruktion *Arriving at Balfour Construction Ltd.* kann sich also nur auf das Subjekt des Hauptsatzes, *fifteen applicants*, beziehen: Die Bewerber*innen sind angekommen und warteten. Es soll aber wiedergegeben werden, dass Richard ankam und die Bewerber*innen warteten. Man spricht hier von einem falsch bezogenen Partizip ***(misrelated participle)***. So kann man dieses Problem lösen:

Um die Beziehung deutlich zu machen, kann ein **Verb der sinnlichen Wahrnehmung** eingefügt werden: *to see, to notice, to realise* etc.

long version	shortened version
When **Richard** arrived at Balfour Construction Ltd. **fifteen applicants** were already waiting to be interviewed.	**Arriving** at Balfour Construction Ltd., **Richard** saw (realised/noticed) **fifteen applicants** already waiting to be interviewed.

Liegen zwei verschiedene Subjekte vor, so müssen beide benannt werden. Der Partizipialsatz besitzt sein **eigenes Subjekt**.

long version	shortened version
As many **career areas** have suffered in the recession, **the government** will need to provide more money for retraining programmes. *Da viele Berufszweige in der Rezession gelitten haben, wird die Regierung mehr Geld für Umschulungsprogramme zur Verfügung stellen müssen.*	**Many career areas having suffered** in the recession, **the government** will need to provide more money for retraining programmes.

Eine solche Verknüpfung wird sowohl im schriftlichen als auch im mündlichen Englisch häufig durch das Stützwort ***with*** eingeleitet.

Beachte: *with* heißt hier **nicht** ‚mit'!

With so many graduates **applying** for vacancies it has become more difficult to find the right job.

In der deutschen Übersetzung bildet man oft einen weiteren Hauptsatz oder einen Gliedsatz, eingeleitet z. B. durch ‚**da, wenn, wobei, indem, während, als**'.

Da *sich so viele Absolventinnen und Absolventen um die freien Stellen bewerben, ist es schwieriger geworden, den richtigen Arbeitsplatz zu finden.*

Wortstellung • Word Order

1 Aussagesatz

1.1 Form

- Im Englischen gibt es eine feste Stellung der Satzglieder: Subjekt – Verb – Objekt (**SVO**)

The woman asks the boy.
Die Frau fragt den Jungen.

- Im Deutschen kann die Wortstellung geändert werden, ohne den Sinn entscheidend zu beeinflussen:

Den Jungen fragt die Frau.

- Im Englischen ist diese Umstellung nicht möglich, da man allein durch die Wortstellung erkennen kann, wer Subjekt, wer Objekt ist. Will man das Objekt gesondert **betonen**, gibt es die Möglichkeit einer sogenannten Hilfskonstruktion mit ***it***.

It is the boy **whom** the woman asks.
Den Jungen (betont) *fragt die Frau.*

1.2 Sonderfälle

- dt. ‚lassen': *have/get + object + past participle*
  [vgl. S. 62]

I have cut my hair. (= Present perfect)
Ich habe mir (selber) die Haare geschnitten.
I have my hair cut. (= Simple present)
Ich lasse mir die Haare schneiden.

My dad has washed our car.
(= Present perfect)
Mein Vater hat unser Auto (selber) gewaschen.
My dad has our car washed.
(= Simple present)
Mein Vater lässt unser Auto waschen.

• sogenannte **Vollinversion** in Sätzen, die mit einer adverbialen Bestimmung beginnen (dieses Phänomen ist typisch für literarische Sprache oder einen hohen Sprachstil)	Out of the train carriage tumbled a motley assortment of bags and boxes. *Aus dem Zugabteil fiel eine bunte Mischung aus Taschen und Kisten.*
• sogenannte **Teilinversion**, bei der lediglich das Hilfsverb vor das Subjekt rückt, nach verneinenden oder einschränkenden Wendungen [vgl. S. 7]	Rarely have I seen a more beautiful place. *Selten habe ich einen schöneren Ort gesehen.*

2 Fragesatz

2.1 Form und Bildung

• Fragen mit Fragewort (***wh-questions***)	Where do you want to go today? *Wo wollt ihr heute hingehen?*
• Entscheidungsfragen (***yes/no-questions***)	Do you want to go to the seaside? *Wollt ihr ans Meer fahren?*

2.2 Besonderheiten

2.2.1 Wortstellung

• Im Fragesatz wird die im Aussagesatz übliche Stellung von Subjekt und (Hilfs-)Verb vertauscht.	Where is my dog? **V S** My dog is in the garden. **S V**
• Enthält ein Satz kein Hilfsverb oder keine Form von *to be*, wird die Frage mit der ***to do*-Umschreibung** gebildet.	Why did you do that? ***Form S V*** ***von to do***
• Wird nach dem **Subjekt** gefragt, bleibt die **Satzstellung des Aussagesatzes** erhalten.	Who invented the steam engine? **S V O**

2.2.2 *Question tags*

Question tags entsprechen den deutschen Nachfragen ‚nicht?', ‚nicht wahr?', ‚oder?'. Sie werden verwendet, um sich eine Aussage bestätigen zu lassen.

Question tags werden mit dem **Hilfs- bzw. Modalverb des Hauptsatzes** gebildet.	
• An **bejahte Aussagesätze** werden die ***questions tags* in der verneinten Form** angehängt.	They **can** show us the way to the station, **can't they**?
• An **verneinte Aussagesätze** werden die ***question tags* in der bejahten Form** angehängt.	They **don't** know the way, **do they**?
• Ist im Hauptsatz **kein Hilfsverb** vorhanden, werden die *question tags* mit der ***to do*-Umschreibung** gebildet.	You know the way to the station, **don't you**?

Bedingungssätze • Conditional Sentences

1 Form und Bildung

Ein vollständiger Bedingungssatz besteht aus zwei Satzteilen: dem konditionalen Nebensatz *(if-clause)* und dem Hauptsatz *(main clause)*. Der Nebensatz nennt die Bedingung, unter der das im Hauptsatz genannte Geschehen eintritt. Im Hauptsatz wird je nach der Art der genannten Bedingung [siehe S. 86] *will-future, conditional I* oder *II* eingesetzt.
So werden die Formen des *conditional* gebildet:

1.1 Konditional I • Conditional

would + Infinitiv	Scientists **would find** a remedy for cancer if they knew more about the development of the disease. *Wissenschaftler*innen* ***würden*** *ein Mittel gegen Krebs* ***finden****, wenn sie besser wüssten, wie die Krankheit entsteht.*

1.2 Konditional II • Conditional perfect

would + have + past participle	Scientists **would have found** a remedy for cancer earlier if they had known more about the development of the disease. *Wissenschaftler*innen* ***hätten*** *früher ein Mittel gegen Krebs* ***gefunden****, wenn sie gewusst hätten, wie die Krankheit entsteht.*

2 Verwendung

Die Bedingungen, die im konditionalen Nebensatz *(if-clause)* genannt werden, teilt man in zwei Gruppen ein: **erfüllbare** und **nicht erfüllbare** Bedingungen. Die nicht erfüllbaren Bedingungen werden wiederum in zwei Untergruppen eingeteilt, je nachdem ob sich die Bedingung auf die Gegenwart/Zukunft oder die Vergangenheit bezieht, sodass man insgesamt **drei Typen von Bedingungen** (und damit auch drei Typen von *if*-Sätzen) unterscheidet.

Typ 1 : Erfüllbare Bedingung

Der Sprecher/Die Sprecherin hält die Bedingung für erfüllbar.

if-Satz	Hauptsatz
If there **are** no strict laws against human cloning,	scientists **will carry out** further experiments.
Wenn es keine strengen Gesetze gegen das Klonen von Menschen gibt,	*werden die Wissenschaftler*innen weitere Experimente durchführen.*

Typ 2 : Nicht erfüllbare oder unwahrscheinliche Bedingung

Der Sprecher/Die Sprecherin hält es für unwahrscheinlich (oder sogar unmöglich), dass die Bedingung erfüllt wird.

if-Satz	Hauptsatz
If cloning of children **were allowed**,	parents **could decide** on the baby's appearance.
Wenn das Klonen von Kindern erlaubt wäre,	*könnten Eltern über das Aussehen des Babys entscheiden.*

Typ 3 : Nicht mehr erfüllbare (unmögliche) Bedingung

Die Bedingung kann nicht mehr erfüllt werden, da sie sich auf die Vergangenheit bezieht.

if-Satz	Hauptsatz
If cloning of children **had been allowed**,	parents **could have decided** on the baby's appearance.
Wenn das Klonen von Kindern erlaubt gewesen wäre,	*hätten Eltern über das Aussehen des Babys entscheiden können.*

Die Zeit im Hauptsatz ist abhängig von der Art der Bedingung, die im *if*-Satz erscheint. Man spricht hier von der Zeitenfolge *(Sequence of Tenses)*.
[siehe unten unter 3.1]

Das deutsche **‚wenn'** kann **zwei** verschiedene **Bedeutungen** haben:

- temporal
  ‚wenn, sobald' = ***when***

When GM food is generally accepted, more people in poorer countries can be fed.
Wenn (sobald) *gentechnisch veränderte Lebensmittel allgemein akzeptiert werden, kann man mehr Menschen in armen Ländern ernähren.*

- konditional
  ‚wenn, falls' = ***if***

If GM food is generally accepted, more people in poorer countries can be fed.
Wenn (falls) *gentechnisch veränderte Lebensmittel allgemein akzeptiert werden, kann man mehr Menschen in armen Ländern ernähren.*

3 Besonderheiten

3.1 Zeitenfolge • The Sequence of Tenses

3.1.1 Typ 1: Erfüllbare Bedingung *(probable condition)*

Im *if*-Satz steht eine Bedingung, die erfüllt werden kann.

Wenn im ***if*-Satz *present tense*** verwendet wird, steht im **Hauptsatz** meist ***will-future***.

if-Satz	Hauptsatz
If **we give** scientists enough money and time, *Wenn wir den Wissenschaftlern/Wissenschaftlerinnen genügend Geld und Zeit geben,*	they **will find** cures for diseases considered incurable today. *werden sie Heilmittel gegen Krankheiten, die heute für unheilbar gehalten werden, finden.*

Bei diesen erfüllbaren Bedingungen (Typ 1) kann im **Hauptsatz** auch ***present tense*** stehen. Es soll dann ausgedrückt werden, dass unter den **gleichen Bedingungen** immer wieder das **gleiche Ergebnis** eintritt (allgemein gültige Aussage). Ebenso sind je nach Bedeutung im Hauptsatz **Infinitive** oder Konstruktionen mit **Hilfsverben** denkbar.

if-Satz	Hauptsatz
If the father of a family **suffers** from diabetes, *Wenn ein Familienvater an Diabetes leidet,*	his children's risk to develop diabetes **is** higher. *ist das Risiko seiner Kinder, an Diabetes zu erkranken, höher.*
If you **suffer** from diabetes, *Wenn Sie an Diabetes leiden,*	**go** to a doctor to get the appropriate treatment. *gehen Sie zum Arzt, um die passende Behandlung zu erhalten.* you **should go** to a doctor to get the appropriate treatment.

3.1.2 Typ 2: Unwahrscheinliche oder unmögliche Bedingung (*improbable/ impossible condition*)

Im *if*-Satz steht eine Bedingung, deren Erfüllung für eher unwahrscheinlich oder sogar unmöglich gehalten wird.

Wenn im **if-Satz *past tense*** verwendet wird, steht im **Hauptsatz *conditional I***.
Typ 1 und Typ 2 **unterscheiden sich nicht zeitlich** voneinander! Die Vergangenheitsform in Typ 2 ist das so genannte *modal past*, mit dem ausgedrückt wird, dass man die Erfüllung der Bedingung für unwahrscheinlich oder unmöglich hält.
Dieser Typ 2 birgt eine häufige Fehlerquelle für deutsche Lernende, wenn vom Deutschen her übersetzt wird. Hier darf ***would* nicht im *if*-Satz** stehen.

if-Satz	Hauptsatz
If people **knew** more about cloning, *Wenn die Menschen mehr über das Klonen wüssten,*	they **would be** less prejudiced. *wären sie weniger voreingenommen.*

3.1.3 Typ 3: Unmögliche Bedingung *(impossible condition)*

Im *if*-Satz steht eine Bedingung, die nicht mehr erfüllt werden kann, da sie sich auf die Vergangenheit bezieht. Somit stellt diese „Bedingung" eine bloße Annahme dar.

Wenn im ***if*-Satz *past perfect*** verwendet wird, steht im **Hauptsatz *conditional II***.

if-Satz	Hauptsatz
If we **had developed** genetic therapies earlier,	we **could have increased** people's life expectancy.
Wenn wir genetische Behandlungsmethoden früher entwickelt hätten,	*hätten wir die Lebenserwartung der Menschen erhöhen können.*

Je nach Sinn sind natürlich auch **Kombinationen** der verschiedenen Typen denkbar.

if-Satz	Hauptsatz
If I **had read** the article,	I **would** now **be able** to discuss it with you.
Wenn ich den Artikel gelesen hätte,	*könnte ich jetzt mit dir darüber diskutieren.*

3.2 Sonderfälle

3.2.1 *would* im *if*-Satz

Normalerweise werden ***would*** und ***should* im *if*-Satz nicht verwendet**. Es gibt jedoch **Ausnahmen:**

- ***should*** macht einen if-Satz des Typs I **unwahrscheinlicher** *(unlikely action)*, einen if-Satz des Typs II etwas **weniger irreal**.

If the government **should allow** genetic reproduction, only rich people will be able to afford it.
Wenn die Regierung das Klonen von Menschen (tatsächlich) erlauben sollte, werden es sich nur Reiche leisten können.

	If someone **should ask** you about your opinion on cloning, what would you say? *Wenn dich jemand nach deiner Meinung zum Thema Klonen fragen sollte, was würdest du sagen?*
• Wenn man eine **besonders höfliche Aufforderung** oder **Bitte** formulieren möchte *(polite request)*.	**If** you **would** kindly **explain** what "therapeutic cloning" means, people might understand the scientific advantages of this method better. *Wenn Sie freundlicherweise erklären würden, was „therapeutisches Klonen" bedeutet, könnten die Menschen die Vorteile dieser wissenschaftlichen Methode vielleicht besser verstehen.*

3.2.2 *unless* im *if*-Satz

unless kann im *if*-Satz anstelle von *if not* verwendet werden.
(ebenso: ***in case*** statt *if*)

if-Satz	Hauptsatz
Unless the public is better informed about genetic engineering, *Wenn die Öffentlichkeit nicht besser über die Gentechnik informiert wird,*	people's fears of this technology will increase. *werden die Befürchtungen der Menschen gegenüber dieser Technik zunehmen.*

3.2.3 *was/were* im *if*-Satz

Um eine irreale Bedingung des Verbs *to be* auszudrücken, lautet die grammatikalisch richtige Form ***were***. **Umgangssprachlich** wird diese in der 1. bzw. 3. Person Singular immer häufiger durch ***was*** ersetzt.

if-Satz	Hauptsatz
If I **were** you,	I would get more information about the ethical questions connected with biotechnology.
Wenn ich an deiner Stelle wäre,	*würde ich mich genauer über die ethischen Fragen informieren, die mit der Biotechnik verbunden sind.*
If cloning **was** allowed, (umgangssprachlich!)	it would enable infertile couples to have children of their own.
Wenn das Klonen erlaubt wäre,	*könnten unfruchtbare Ehepaare eigene Kinder haben.*

3.2.4 Kommasetzung

Der *if*-Satz wird vom Hauptsatz nur dann durch ein Komma abgetrennt, wenn er am Anfang steht.

if-Satz	Hauptsatz
If all countries banned all types of cloning**,**	the freedom of scientific research would be restricted.
Wenn alle Länder alle Arten von Klonen (jegliches Klonen) verbieten würden,	*wäre die Freiheit der wissenschaftlichen Forschung eingeschränkt.*

Aber:

The freedom of scientific research would be restricted	if all countries banned all types of cloning.
Die Freiheit der wissenschaftlichen Forschung wäre eingeschränkt,	*wenn alle Länder alle Arten von Klonen (jegliches Klonen) verbieten würden.*

Relativsätze • Relative Clauses

Ein Relativsatz bezieht sich auf bereits genannte Personen oder Sachen und bestimmt oder beschreibt sie näher. Dabei wird zwischen **notwendigen/ bestimmenden** und **nicht-notwendigen** Relativsätzen unterschieden [siehe unten unter 3.1 und 3.2].

Mit dem entsprechenden Relativpronomen (*who, which, that* etc.) werden Hauptsatz und Gliedsatz verbunden.

The 1965 Race Relations Act was the first law **which** made racial discrimination in pubs, restaurants or hotels illegal.
Der „Race Relations Act" von 1965 war das erste Gesetz, das rassistisch motivierte Diskriminierung in Gaststätten, Restaurants und Hotels verbot.

Welches Relativpronomen jeweils gewählt werden muss, hängt von drei grundätzlichen Fragen ab:
- Wird eine **Person** oder eine **Sache** durch den Relativsatz bestimmt?
- Erfüllt das Relativpronomen im Relativsatz die Funktion des **Subjekts** oder des **Objekts**?
- Handelt es sich bei dem Relativsatz um einen **notwendigen** *(defining)* oder einen **nicht-notwendigen** *(non-defining)* **Relativsatz**?

1 Formen von Relativpronomen

	Persons	**Things**
Subject	who/(that)	which/(that)
Object	whom/who/(that)/(–)	which/(that)/(–)

(Die eingeklammerten Formen treten nur in notwendigen Relativsätzen auf.)

2 Verwendung

2.1 Das Relativpronomen als Subjekt

Das Relativpronomen kann Subjekt des Relativsatzes sein:

- für Personen wird ***who*** verwendet,

Enoch Powell was **the British politician who** spoke out against Britain's nonwhite population most vehemently in the 1960s.
Enoch Powell war der britische Politiker, der in den 1960er-Jahren Großbritanniens farbige Bevölkerung heftig angriff.

- für Dinge ***which***.

His most provocative **speech which** caused a public protest in 1968 was called "Rivers of Blood".
Seine provokativste Rede, die 1968 einen allgemeinen Protest auslöste, wurde „Rivers of Blood" genannt.

2.2 Das Relativpronomen als Objekt

Das Relativpronomen kann Objekt des Relativsatzes sein:

- für Personen wird ***whom*** gebraucht (besonders in nicht-notwendigen Relativsätzen; seltener *who*),

Martin Luther King, **whom** we regard as the most important leader of the Civil Rights Movement, was assassinated in 1968.
Martin Luther King, den wir als wichtigsten Führer der Bürgerrechtsbewegung ansehen, wurde 1968 ermordet.

- für Sachen wird ***which*** gebraucht.

The Montgomery bus boycott, **which** he organised in 1955, marks the beginning of King's fight against racial segregation.
Der Busboykott in Montgomery, den er 1955 organisierte, steht für den Beginn von Kings Kampf gegen die Rassentrennung.

3 Besonderheiten

3.1 Notwendige oder bestimmende Relativsätze (*defining relative clauses*)

Notwendige Relativsätze bestimmen das Bezugswort näher und sind **zum** richtigen **Verständnis** des Satzes unbedingt **erforderlich**. Der Relativsatz wird im Englischen **nicht durch Kommas** abgetrennt.

The kind of racism **which** was evidenced by the 1981 riots in England had to be rooted out.
Die Art Rassismus, für die die Krawalle von 1981 in England ein Beweis waren, musste gründlich beseitigt werden.

The number of football clubs **which** worked together with the police to stop racist chanting was steadily increasing.
Die Zahl der Fußballklubs, die mit der Polizei zusammenarbeiteten, um rassistische Gesänge zu unterbinden, wuchs ständig.

3.1.1 *Contact clauses*

- In notwendigen Relativsätzen kann das **Relativpronomen weggelassen** werden, wenn es **Objekt** ist.
  Relativsätze ohne Relativpronomen heißen ***contact clauses.***

The publications **which** I downloaded from the website of the Equality and Human Rights Commission (EHRC) are very informative.
= The publications I downloaded from the website of the Equality and Human Rights Commission (EHRC) are very informative.
Die Schriften, die ich von der Webseite des Ausschusses für Gleichstellung und Menschenrechte (EHRC) herunterlud, waren sehr informativ.

- Man kann das **Relativpronomen nicht weglassen**, wenn es **Subjekt** ist.

The EHRC offers publications for people **who** want to know more about human rights.
Der EHRC bietet Schriften an für Leute, die sich über Menschenrechte informieren wollen.

3.1.2 *that* als Relativpronomen

that wird nur in bestimmenden/notwendigen Relativsätzen verwendet. Gebraucht wird es u. a. nach:

- *all, anything, everything, little, much, nothing, something,*

All the information **that** employers need about equality laws is available from the EHRC.
*Alle Informationen, die Arbeitgeber *innen über die Gleichstellungsgesetze benötigen, werden vom EHRC zur Verfügung gestellt.*

• Superlativen,	The **most** serious problem **that** worries social workers is the high rate of unemployment among young people. *Das schwerwiegendste Problem, das die Sozialarbeiter*innen beschäftigt, ist die hohe Arbeitslosigkeit unter jungen Menschen.*
• *the first, the last, the only.*	The **only** measure **that** will help youngsters to find work is to improve their educational standards. *Die einzige Maßnahme, die jungen Menschen dabei helfen wird, Arbeit zu finden, ist, ihren Ausbildungsstand zu verbessern.*

3.2 Nicht-notwendige oder nicht-bestimmende Relativsätze (*non-defining relative clauses*)

• Nicht-notwendige Relativsätze sind **zum** richtigen **Verständnis** des Satzes **nicht** unbedingt **erforderlich**.	South Africa's National Party, **which** gained office in 1948, extended the policy of racial segregation and gave it the name apartheid. *Südafrikas Nationalpartei, die 1948 an die Regierung kam, weitete die Politik der Rassentrennung aus und gab ihr den Namen Apartheid.*
• Sie bieten „nur" zusätzliche Informationen zum Bezugswort. Der englische Relativsatz wird durch **Kommas** abgetrennt.	Frederik Willem de Klerk, **who** was president of South Africa from 1989 to 1994, brought the apartheid system of racial segregation to an end. *Frederik Willem de Klerk, der (übrigens) von 1989 bis 1994 Präsident von Südafrika war, beendete das Apartheidsystem der Rassentrennung.*

3.3 *whose / of which / of whom*

whose ist der sogenannte possessive Relativbegleiter. Er steht sowohl in **notwendigen** als auch in **nicht-notwendigen Relativsätzen**

- in Bezug auf **Personen**:

People of Caribbean descent **whose** parents were born in the UK are still perceived as foreigners by some Britons.
*Menschen karibischer Abstammung, deren Eltern im Vereinigten Königreich geboren wurden, werden von einigen Briten immer noch als Ausländer*innen wahrgenommen.*

- in Bezug auf **Sachen**, wobei hier auch die Form *of which* auftreten kann:

The Windrush, **whose** passengers/the passengers **of which** were mainly of Caribbean descent, arrived in London in 1948.
Die Windrush, deren Passagiere hauptsächlich karibischer Abstammung waren, kam 1948 in London an.

In nicht-notwendigen Relativsätzen steht nach Zahlen- und Mengenangaben *(a number, one, both, many, most etc.)*

- in Bezug auf Personen: *of whom*,

The discontented have found an easy scapegoat in the millions of refugees, **most of whom** have come into the country during the past ten years.
Die Unzufriedenen haben in den Millionen Flüchtlingen, von denen die meisten in den letzten zehn Jahren ins Land gekommen sind, einen bequemen Sündenbock gefunden.

- in Bezug auf Sachen: ***of which***.

The riots, **many of which** were started by young West Indians, speeded up efforts to promote integration.
Die Krawalle, von denen viele von Jugendlichen westindischer Herkunft angezettelt wurden, beschleunigten die Anstrengungen, die Integration zu fördern.

3.4 *what/which* für Satzkommentare

- ***which*** wird gebraucht, wenn sich der Relativsatz auf den gesamten Inhalt des **vorhergehenden Satzes** bezieht.

At some local elections the Eurosceptic right-wing populist party UKIP won lots of votes, **which** aroused concern among the Conservative party.
Bei einigen Kommunalwahlen gewann die EU-skeptische rechtspopulistische Partei UKIP viele Stimmen, was Besorgnis bei der konservativen Partei auslöste.

- ***what*** wird gebraucht, wenn sich der Relativsatz auf den gesamten Inhalt des **folgenden Satzes** bezieht.

At some local elections the Eurosceptic party UKIP won lots of votes, and, **what** is even more important, it may also win seats to the parliament in Westminster.
Bei einigen Kommunalwahlen gewann die EU-skeptische Partei UKIP viele Stimmen, und was noch wichtiger ist, sie wird vielleicht auch Sitze im Parlament in Westminster gewinnen.

3.5 Präpositionen im Relativsatz

- In **notwendigen Relativsätzen** steht die Präposition meist **hinter dem Verb**. In *contact clauses*, beim Relativpronomen *that* oder dem umgangssprachlichen *who* (als Präpositionalobjekt) ist die Stellung hinter dem Verb die einzig mögliche.

The woman the reporter first **talked to** explained why going to the ballot box is crucial for each citizen.
*Die Frau, mit der der Journalist als erstes sprach, erklärte, warum es für alle Bürger*innen wichtig sei, zur Wahl zu gehen.*

- In **nicht-notwendigen Relativsätzen** wird die förmliche Ausdrucksweise mit der **Präposition vor dem Relativpronomen** bevorzugt.

The candidate made clear that the tax rises, **about which** his party had had fierce debates, would benefit the whole country.
Die Kandidatin verdeutlichte, dass die Steuererhöhungen, über die ihre Partei heftige Auseinandersetzungen geführt hatte, dem ganzen Land nützen würden.

Indirekte Rede • Reported Speech

Die indirekte Rede (auch abhängige Rede genannt) wird verwendet, um möglichst getreu und objektiv das wiederzugeben, was von einer anderen Person gesagt wurde.

1 Verwendung

In indirekter Rede gibt man wieder, **was jemand gesagt, gefragt** oder **befohlen hat**. Auch **Gedanken** kann man indirekt wiedergeben. Als **Einleitungsverben** der indirekten Rede (*reporting verbs*) stehen u. a. zur Verfügung:

ask, add, advise, agree, answer, mention, order, point out, remark, say, state, tell, think, want to know, wonder

Die Pronomina, eventuell die Zeitstufe und die Adverbialien der direkten Rede verändern sich in der indirekten Rede (je nach Kontext) wie folgt:

1.1 Pronomina und Begleiter

Die Pronomina und Begleiter müssen an den Standpunkt des/der Sprechenden angepasst werden.

Direkte Rede:	Indirekte Rede:
Boss at office meeting: "**You** are no longer allowed to use **your** own smartphones in **this** location."	Tina explained to her colleague, who missed the meeting, that **they** were no longer allowed to use **their** own smartphones in **that** location.

1.2 Zeiten

Steht das **Einleitungsverb der Rede im *present tense, present perfect*** oder ***future***, so wird die **Zeit**, die in der direkten Rede verwendet wurde, **nicht geändert**.

Direkte Rede

Muriel **says**, "**I'm** interested in working from home."

Indirekte Rede

Muriel **says** (that) **she is** interested in working from home.

Muriel sagt, sie sei daran interessiert, von zu Hause aus zu arbeiten.

Steht das **Einleitungsverb der Rede im *past tense***, dann wird die Zeit, die in der direkten Rede verwendet wurde, um **eine Zeitstufe zurückversetzt**. Man spricht von der Zeitenverschiebung (= *backshift of tenses*).
[siehe unten unter 2.1]

Direkte Rede

Muriel **said**, "**I joined** the company because of the possibility of teleworking."

Indirekte Rede

Muriel **said** (that) **she had joined** the company because of the possibility of teleworking.

Muriel sagte, sie sei in die Firma eingetreten wegen der Möglichkeit, von zu Hause aus zu arbeiten.

2 Besonderheiten

2.1 Zeitenverschiebung

2.1.1 Aussagesätze

Present tense in der direkten Rede **wird zu *past tense*** in der indirekten Rede.

Direkte Rede

Michelle: "**I am** Mrs Owen's secretary."

Indirekte Rede

Michelle said that **she was** Mrs Owen's secretary.

Michelle sagte, sie sei Mrs Owens Sekretärin.

Das Verb im ***present tense*** in der direkten Rede **kann unverändert bleiben**, wenn eine **allgemein gültige Aussage** gemacht wird (Naturgesetz, Gewohnheit, Eigenschaft).

Direkte Rede	Indirekte Rede
The human resources director pointed out: "Being the boss's secretary **is** a very stressful job."	The human resources director pointed out (that) being the boss's secretary **is** a stressful job. *Der Personalchef / Die Personalchefin wies darauf hin, als Chefsekretär*in zu arbeiten sei sehr aufreibend.*

Past tense in der direkten Rede **wird zu *past perfect*** in der indirekten Rede.

Direkte Rede	Indirekte Rede
Michelle: "**I started** work at seventeen."	Michelle said that **she had started** work at seventeen. *Michelle sagte, sie habe mit 17 angefangen zu arbeiten.*

Present perfect in der direkten Rede **wird zu *past perfect*** in der indirekten Rede.

Direkte Rede	Indirekte Rede
Michelle: "I **have worked** for Mrs Owen for almost 12 years."	Michelle said (that) she **had worked** for Mrs Owen for almost 12 years. *Michelle sagte, sie arbeite seit fast 12 Jahren für Mrs Owen.*

Will-future in der direkten Rede **wird zu *conditional*** in der indirekten Rede.

Direkte Rede	Indirekte Rede
Michelle: "In two weeks' time **I'll accompany** Mrs Owen to a business meeting in Shanghai."	Michelle said (that) in two weeks' time **she would accompany** Mrs Owen to a business meeting in Shanghai. *Michelle sagte, sie werde Mrs Owen in zwei Wochen zu einem Geschäftstermin in Shanghai begleiten.*

2.1.2 Fragen

Fragen werden in der indirekten Rede beispielsweise durch *to ask*, *to want to know* und *to wonder* eingeleitet. Das **Fragepronomen** der direkten Rede wird in der indirekten Rede **wiederholt**. Die **Zeitenverschiebung** folgt denselben Regeln wie in Aussagesätzen.

Direkte Rede	Indirekte Rede
The staff manager **asked**, "**Who is** interested in teleworking?"	The staff manager **asked who was** interested in teleworking. *Der Personalchef/Die Personalchefin fragte, wer an Telearbeit interessiert sei.*

Steht in der direkten Rede kein Fragepronomen, so werden ***if*** oder ***whether*** eingesetzt.

Direkte Rede	Indirekte Rede
The shop steward asked, "Is teleworking more profitable for the company or for the employee?"	The shop steward asked **if (whether)** teleworking was more profitable for the company or for the employees. *Der Vertreter/Die Vertreterin für Arbeitnehmende fragte, ob Telearbeit profitabler für die Firma oder für die Arbeitnehmenden sei.*

2.1.3 Aufforderungen, Ratschläge und Befehle

Aufforderungen werden – je nach Sinngehalt – durch **Verb + Objekt + (*not* +) *to-infinitive*** wiedergegeben.
Durch die Wahl des entsprechenden **Einleitungsverbs** drückt man aus, ob es sich um eine **höfliche Aufforderung** (*to ask*), einen **Rat** (*to advise*) oder einen strengeren **Befehl** (*to tell, to order, to command*) handelt.

Direkte Rede	Indirekte Rede
The boss said to the advertising manager, "**Please inform** the board of directors of the latest advertising campaign."	The boss **asked** the advertising manager **to inform** the board of directors of the latest advertising campaign. *Die Chefin bat den Werbeleiter, den Aufsichtsrat über die neueste Werbekampagne zu informieren.*
She added, "**Don't go** into all the details."	She **advised him not to go** into all the details. *Sie riet ihm, nicht auf alle Einzelheiten einzugehen.*
She said, "**Keep** to the facts!"	She **told him to keep** to the facts. *Sie forderte ihn auf, sich an die Tatsachen zu halten.*

2.2 Adverbiale

Ähnlich wie Pronomina und Begleiter [vgl. 1.1] müssen die Adverbialien des Ortes und der Zeit an den Standpunkt des/der Sprechenden angepasst werden.

Adverbiale der Zeit *(adverbials of time)*:

Direkte Rede	Indirekte Rede
today	that day
yesterday	the day before
the day before yesterday	two days before
tomorrow	the next day/the following day
the day after tomorrow	in two days' time
next week/year etc.	the following week/year etc.
a year ago etc.	a year before etc.
now	then

Adverbiale des Ortes *(adverbials of place)*:

Direkte Rede	Indirekte Rede
here	there

2.3 Hilfsverben

Für die Hilfsverben ***can, may*** und ***shall*** gibt es die entsprechenden „Vergangenheitsformen“ ***could, might*** und ***should.***

Direkte Rede	Indirekte Rede
Laura asked: “**Can** I work from home on Tuesday?”	Laura asked whether she **could** work from home on Tuesday. *Laura fragte, ob sie am Dienstag von zu Hause aus arbeiten könne.*

Stehen die folgenden Hilfsverben in der direkten Rede, so werden sie **unverändert** in die indirekte Rede übernommen: ***could, had better, might, ought, should, used to, would.***

Direkte Rede	Indirekte Rede
Laura said: “I **couldn’t work** from home, I **would miss** my colleagues.”	Laura said (that) she **couldn’t work** from home, she **would miss** her colleagues. *Laura sagte, sie könne nicht von zu Hause aus arbeiten, sie würde ihre Kolleginnen und Kollegen vermissen.*

must bildet eine Ausnahme. Es wird in der indirekten Rede durch *to have to* unter Berücksichtigung der entsprechenden Zeitverschiebung wiedergegeben. Das gilt allerdings nur, wenn *must* eine **Verpflichtung** oder **Notwendigkeit** ausdrückt. Soll eine **sichere Annahme** ausgedrückt werden, so bleibt ***must*** in der indirekten Rede **unverändert**.

Direkte Rede	Indirekte Rede
Michelle said: “**I must hurry up** – the Chinese visitors have arrived!”	Michelle said (that) **she had to hurry up** – the Chinese visitors had arrived. *Michelle sagte, sie müsse sich beeilen, da die chinesischen Gäste angekommen seien.*
Michelle heard the bell and said: “That **must be** the visitors.”	Michelle heard the bell and said that that **must be** the visitors. *Michelle hörte die Klingel und sagte, dass das die Gäste sein müssten.*

Unregelmäßige Verben • Irregular Verbs

Infinitive	Simple Past	Past Participle	*deutsche Übersetzung*
be	was / were	been	*sein*
bear	bore	born(e)	*(er)tragen; gebären*
beat	beat	beaten	*schlagen*
become	became	become	*werden*
begin	began	begun	*beginnen*
bend	bent	bent	*biegen, beugen*
bet	bet	bet	*wetten*
bid	bade	bidden	*heißen, gebieten*
bid	bid	bid	*bieten (Preis)*
bind	bound	bound	*binden*
bite	bit	bit(ten)	*beißen*
bleed	bled	bled	*bluten*
blow	blew	blown	*blasen*
break	broke	broken	*brechen*
breed	bred	bred	*brüten, züchten*
bring	brought	brought	*bringen*
build	built	built	*bauen*
burn	burnt/ed	burnt/ed	*brennen*
burst	burst	burst	*platzen*
buy	bought	bought	*kaufen*
cast	cast	cast	*werfen; formen*
catch	caught	caught	*fangen*
choose	chose	chosen	*wählen*
cling	clung	clung	*sich klammern*
come	came	come	*kommen*
cost	cost	cost	*kosten*
creep	crept	crept	*kriechen*
cut	cut	cut	*schneiden*
deal	dealt	dealt	*handeln*
dig	dug	dug	*graben*
do	did	done	*tun*
draw	drew	drawn	*zeichnen, ziehen*
dream	dreamt/ed	dreamt/ed	*träumen*
drink	drank	drunk	*trinken*
drive	drove	driven	*fahren*

Infinitive	Simple Past	Past Participle	*deutsche Übersetzung*
dwell	dwelt	dwelt	*verweilen, wohnen*
eat	ate	eaten	*essen*
fall	fell	fallen	*fallen*
feed	fed	fed	*füttern*
feel	felt	felt	*fühlen*
fight	fought	fought	*kämpfen*
find	found	found	*finden*
flee	fled	fled	*fliehen*
fly	flew	flown	*fliegen*
forbid	forbade	forbidden	*verbieten*
forget	forgot	forgotten	*vergessen*
forgive	forgave	forgiven	*vergeben*
freeze	froze	frozen	*frieren*
get	got	got	*bekommen*
give	gave	given	*geben*
go	went	gone	*gehen*
grind	ground	ground	*mahlen*
grow	grew	grown	*wachsen*
hang	hung	hung	*hängen*
have	had	had	*haben*
hear	heard	heard	*hören*
hide	hid	hidden	*verstecken*
hit	hit	hit	*treffen, schlagen*
hold	held	held	*halten*
hurt	hurt	hurt	*verletzen*
keep	kept	kept	*(be-)halten, fortfahren*
kneel	knelt/ed	knelt/ed	*knien*
knit	knit/ted	knit/ted	*stricken*
know	knew	known	*wissen*
lay	laid	laid	*legen*
lead	led	led	*leiten, führen*
lean	leant/ed	leant/ed	*lehnen*
leap	leapt/ed	leapt/ed	*springen*
learn	learnt/ed	learnt/ed	*lernen*
leave	left	left	*verlassen, zurücklassen*
lend	lent	lent	*verleihen*
let	let	let	*lassen*

Infinitive	**Simple Past**	**Past Participle**	***deutsche Übersetzung***
lie	lay	lain	*liegen*
light	lit/ed	lit/ed	*beleuchten*
lose	lost	lost	*verlieren*
make	made	made	*machen*
mean	meant	meant	*meinen, bedeuten*
meet	met	met	*treffen*
mow	mowed	mown	*mähen*
pay	paid	paid	*bezahlen*
put	put	put	*setzen, stellen, legen*
quit	quit/ted	quit/ted	*verlassen, aufhören*
read	read	read	*lesen*
rid	rid	rid	*befreien (von)*
ride	rode	ridden	*fahren, reiten*
ring	rang	rung	*läuten; anrufen*
rise	rose	risen	*aufstehen, aufgehen*
run	ran	run	*laufen, rennen*
saw	sawed	sawn/ed	*sägen*
say	said	said	*sagen*
see	saw	seen	*sehen*
seek	sought	sought	*suchen*
sell	sold	sold	*verkaufen*
send	sent	sent	*senden*
set	set	set	*setzen, stellen*
sew	sewed	sown	*nähen*
shake	shook	shaken	*schütteln*
shed	shed	shed	*vergießen, ablegen*
shine	shone	shone	*scheinen*
shoot	shot	shot	*schießen*
show	showed	shown	*zeigen*
shrink	shrank/shrunk	shrunk	*schrumpfen, einlaufen*
shut	shut	shut	*schließen*
sing	sang	sung	*singen*
sink	sank	sunk	*sinken*
sit	sat	sat	*sitzen*
slay	slew	slain	*erschlagen*
sleep	slept	slept	*schlafen*
slide	slid	slid	*rutschen, gleiten*

Infinitive	Simple Past	Past Participle	*deutsche Übersetzung*
sling	slung	slung	*schleudern, werfen*
slit	slit	slit	*(auf)schlitzen*
smell	smelt/ed	smelt/ed	*riechen*
sow	sowed	sown	*säen*
speak	spoke	spoken	*sprechen*
speed	sped/ed	sped/ed	*schnell fahren*
spell	spelt/ed	spelt/ed	*buchstabieren*
spend	spent	spent	*verbringen, ausgeben*
spill	spilt/ed	spilt/ed	*verschütten*
spin	spun/span	spun	*schleudern, spinnen*
spit	spat	spat	*spucken*
split	split	split	*spalten, teilen*
spoil	spoilt/ed	spoilt/ed	*verderben*
spread	spread	spread	*ausbreiten*
spring	sprang	sprung	*springen*
stand	stood	stood	*stehen*
steal	stole	stolen	*stehlen*
stick	stuck	stuck	*kleben*
sting	stung	stung	*stechen*
stink	stank/stunk	stunk	*stinken*
stride	strode	stridden	*schreiten*
strike	struck	struck	*stoßen, schlagen*
string	strung	strung	*aufziehen*
strive	strove	striven	*sich bemühen*
swear	swore	sworn	*fluchen; schwören*
sweep	swept	swept	*fegen*
swell	swelled	swollen/ed	*anschwellen*
swim	swam	swum	*schwimmen*
swing	swung	swung	*schwingen*
take	took	taken	*nehmen*
teach	taught	taught	*lehren*
tear	tore	torn	*reißen*
tell	told	told	*erzählen*
think	thought	thought	*denken, glauben*
thrive	throve	thriven	*gedeihen*
throw	threw	thrown	*werfen*
thrust	thrust	thrust	*stoßen*
understand	understood	understood	*verstehen*

Infinitive	Simple Past	Past Participle	*deutsche Übersetzung*
upset	upset	upset	*umstoßen; aufregen*
wake	woke/ed	woken/ed	*aufwachen, wecken*
wear	wore	worn	*Tragen (Kleidung)*
weave	wove	woven	*weben*
wed	wed/ded	wed/ded	*heiraten*
weep	wept	wept	*weinen*
win	won	won	*gewinnen*
wind	wound	wound	*winden, aufwickeln*
wring	wrung	wrung	*auswringen*
write	wrote	written	*schreiben*